역사에 비친 우리의 **초상**

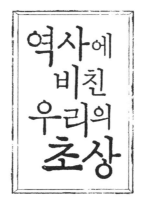

역사에 비친 우리의 초상

조한욱 지음

위즈덤하우스

나는 2010년 11월 16일부터 2011년 5월 13일까지는 화요일과 목요일, 일주일에 두 차례, 그 이후로는 한 차례 『한겨레신문』에 '조한욱의 서양사람史覽'이라는 칼럼을 연재하고 있다. 이 책은 그 원고를 바탕으로 하여 만들어졌다. 칼럼의 제목을 그렇게 정한 이유는 역사에서도 특히 나의 전공 분야인 서양사에 명멸했던 개인들의 삶을 들여다보면서 스러져가고 있는 서양사에 대한 사람들의 관심을 조금이나마 끌어올려 보겠다는 소박한 것이었다. '사람'이란 우리말의 발음으로는 그 인간들의 삶의 모습을 보자는 뜻을, '史覽'이라는 한자로는 '역사를 보자'는 뜻을 전하려 한 것이다. 그래서 사람들에게 감동을 줄 수 있는 미담이나 진기한 행적으로 흥미를 불러일으킬 수 있는 사례들을 찾아 이야기로 엮어 풀어내려고 생각했었다.

그런데 우리 사회와 그 너머에서 일어났고 지금도 현재진행형으로 지속되고 있는 무지와 몽매와 불관용과 무자비의 행렬은 빈도와 규모에서 기존의 상상력으로는 감당이 되지 않았다. 대학 시절 유신을 겪으며 박해를 무릅쓰고 학생운동을 주도했던 친구들에 대한 마음속 깊은 송구함을 잊은 적이 없던 내가 그 야만의 압박을 외면하고 미담으로 지면을 채운다는 것은 양심에 가책이 되는 일이었다. 불가피하게 칼럼은 대중적으로 잘 알려지지 않은 서양사의 에피소드를 찾아이 사회의 모순과 부조리에 연관시키는 방향으로 흐르게 되었다. 돌이켜보면 그것이 '서양사람'이라는 칼럼의 제목에 더욱 잘 어울리는 방식이었다. 왜냐하면 그것이 서양의 역사라는 거울에 비쳐 우리의 모습을 되돌아보고 교훈을 얻어야 한다는 목적에 더욱 잘 부합했기 때문이다. 840~850 글자 안에서 그 모든 일이 이루어져야 했다. 나름대로 그 작업은 묘미가 있었고, 짧음으로 인한 여운은 독자들로 하여금 더 적극적으로 행간의 의미를 유추할 수 있도록 유도한 장점도 있었을 것이다.

그렇지만 애당초 사회에 만연한 모순에 대한 비판의 목적은 우리가 함께 사는 세상의 환경을 조금이나마 더 좋게 만들려는 구체적인 것이었다. 소소한 글을 진지하게 읽으면서 독자들이 나와 뜻을 함께하는 행동에 나서길 바라는 것은 나만의 일방적인 기대에 그칠 것이었다. 칼럼을 좋아해주던 지인들 여럿도 글이 너무 짧아 독자의 해석이 너무도 광범위하게 분산될 여지가 있다는 지적을 해주었다. 무릇 글이란 저자의 손을 떠나면 독자의 해석에 맡겨야 하는 법이지만, 그 해석이 저자의 뜻을 왜곡하고 배반하는 지경에 이른다면 어떻게 해야 할 것인가? 최소한 나로서는 글을 통해 내가 전달하려고 했던 의도가 무엇이었는지 명료하게 밝혀야 할 필요성을 느끼고 있었다.

그러던 차에 몇 군데 출판사에서 칼럼을 엮어 책으로 내보자는 제안이 들어왔다. 칼럼에는 '서양사'의 요소와 '사회 비판'의 요소가 같이 있다. 몇 곳에서는 비판보다 서양사를 더 중시하면서 글의 내용을 보충하는 것이 좋겠다고 제안했다. 그러나 나는 서양사보다는 비판에 더 무게를 두겠다는 내 의도를 반영해줄 출판사를 원했고, 위즈덤하우스에서 그 요구를 선선히 받아들였다. 그 기꺼움에 먼저 고마움을 전한다.

내게 서양의 역사에 비친 우리 사회의 모습을 한 마디로 말하라면 그것은 '야만'이다. 통상 야만이란 미개하고 교양이 없는, 즉 문명과 동떨어진 상태를 가리킨다. 그것은 조화와 절제와 중용의 미덕에 대한 관념이 발전하지 않아 물리적 폭력이나 제어되지 않은 감정의 폭발에 의존하는 행태를 가리킨다. 그런데 18세기 이탈리아의 숨겨진 천재 사상가 잠바티스타 비코는 그것과 다른 종류의 야만이 있다고 말한다. 비코는 아직 우리에게 생소한 이름이지만, 근자에 들어 그의 철학이 인문학의 거의 모든 분야에서 각광을 받고 있는 철학자다. 그가 말하는 것은 이른바 '이성의 야만'이다. '문명의 야만'이라고 바꿔 써도 무방할 것이다. 이성이나 문명이란 개념은 야만과는 대척점에 있는 함의를 가질 텐데, 그런 단어들의 조합이 가능할까? 가능하다는 대답을 먼저 해두고, 비코의 두 야만에 대해 알아보자.

비코는 '이성의 야만'에 대립되는 상태로 '감각의 야만'을 들었다. 그것은 앞서 말한 물리적 폭력과 거친 감정의 세계에서 벌어지는 야만이다. 그것은 눈으로 볼 수 있고 감각으로 느낄 수 있기에 '감각의 야만'이다. 프랑스 역사가 쥘 미슐레는 비코의 책을 프랑스어로 번역하며 그 문구를 '자연의 야만'이라고 옮겼다. 『리바이어던』의 저자 토머스 홉스의 말을 받아들인다면 그 야만은 모든 사람이 모든 사람에게 적이 되어 싸워야 하는 자연 상태에서 벌어진다. 따라서 '자연의 야만'이라는 번역은 비코의 원 의미에서 크게 벗어나지 않는다. 그런데 이 원초적 야만은 덜 위험하다. 쉽게 눈에 띄어서 방어하거나 도피할 수 있기 때문이다. 더 위험한 것은 '이성의 야만'이다. 그것은 겉으로는 부드러운 말과 함께 포용을 하면서 뒤에서는 친구와 친지들의 삶과 운명에 관한 음모를 꾸미는 야만이다. 말과 사물이 일치하지 않는 반어법, 즉 아이러니의 상황에서 이루어지는 이 야만은 보이지 않아서 더 위험하다.

비코는 그 '이성의 야만'이 어떻게 발생하는지 감동적으로 설파한다. 이것은 사람들이 자신의 사적인 이익만을 추구함으로써 단 두 사람이 만나도 자신의 쾌락과 변덕만을 따를 때 일어난다. 그 귀결인 파당과 내란에 의해 도시는 정글이 되고, 정글은 인간의 소굴이 된다. "이런 식으로 오랜 세월에 걸쳐 이성의 야만에 의해 인간은 더 야만 적인 짐승으로 바뀐다. 게다가 그런 인간이 지닌 사악한 기지의 비천 한 미묘함마저 녹으로 슬어버릴 것이다." 이러한 최악의 상황에서 벗 어날 방안은 인간 원초의 단순함을 되살려 깊은 신앙심과 정직성과 신의를 갖추는 것이다.

18세기 초에 '이성의 야만'을 경계하며 그것에서 벗어날 방안을 제 시하기 위해 출간한 비코의 『새로운 학문』은 오늘날 우리의 사회에 더 큰 울림으로 다가온다. 정치, 경제, 교육, 문화, 종교 등 거의 모든 분야에서 우리는 겉으로는 그럴듯한 언어로 포장되어 잘 보이지 않 는 '이성의 야만'이라는 아이러니에 마주친다. '운하 사업'이 '4대강 정비 사업'이라는 껍데기로 바뀌어 진행된다. '구제역 청정국 유지' 라는 미명 아래 백만 단위로 무고한 가축을 도륙하는 일이 벌어졌다. '법치'라는 명목 아래 법은 있는 자들의 큰 권한을 비호하고 없는 자 들의 작은 권리마저 박탈한다. 일본 지진이라는 미증유의 참사를 목 격했음에도 눈앞의 '실익'을 위해 미래의 세대에 위험을 전가하는 일 이 일어난다. '언론과 표현의 자유'를 빙자해 오히려 언론인이나 예술 가들의 상상력과 생존권에 족쇄를 채운다.

비코에게 '감각의 야만'으로부터 '이성의 야만'으로 반복되는 악순환의 고리를 끊을 해결책은 인식론에 있었다. 즉 그러한 비인간적 상황이 반복되는 유형을 안다면 인류 태초의 건강함으로 되돌아갈 수 있는 단초를 얻을 수 있다는 것이다. 그 유형을 알리기 위해 그는『새로운 학문』을 썼다. 그 본질적인 문제 제기와 해결의 방식에 전적인 동의를 보낸다. 나 역시 우리 사회에 만성적으로 고질화된 야만의 모습을 알리기 위해 이 책을 쓴다. 서양 사람들이 역사 속에서 보여주었던 수많은 사례를 우리는 경고로 알아들었어야 했다는 자책은 뒤늦은 감이 있다. 그렇지만 서양사 전공자로서 서양사라는 학문이 우리의 사회와 동떨어진 분야가 아니라는 사실을 보인 것으로도 자그마한 위안을 삼는다.

야만은 여러 얼굴로 추악한 모습을 드러낸다. 이 책에서는 야만의 다양한 면모를 세분화시켜 보여주려 한다. 그런데 그 야만의 얼굴들은 한 부모에게서 나온 자녀들처럼 닮은꼴이라서 구분하기가 쉽지 않다. 그렇지만 자녀들의 얼굴에서 부모의 얼굴 윤곽을 찾을 수 있듯, 어떤 얼굴을 보더라도 그 흔적을 찾을 수 있는 가장 시원적인 야만은 '탐욕'이다. 권력욕이든 재물욕이든 색욕이든, 욕심은 사람들의 정신을 마비시켜 그릇된 판단과 무분별한 행동으로 이끈다. 자신의 욕심만을 채우려고 남을 속이는 '위선과 기만'이라는 야만의 행위도 버젓이 저지르며, 그것을 아름다운 이름으로 포장한다. 위선과 기만이 먹히지 않을 때에는 '강압'이라는 야만이 등장한다. 자신들이 갖게 된 권력을 폭력적으로 강제하여 욕심을 채우려는 야만이다. 그러한 강압의 결과 '차별'이라는 또 다른 야만이 등장한다. 자신보다 약한 사람들에게 더 큰 억압을 가함으로써 더 큰 상대적 이익을 얻으려는 일이다. 그렇게 자신만의 이익을 추구하는 자들은 더 큰 공동체를 튼튼하게 만들기 위해 헌신하는 법이 없다. 그들은 조국이나 친족을 '배반'하는 성향이 강하다. 이 모든 야만의 면모는 그것을 받아들이는 '몽매'라는 또 다른 야만이 있기에 가능하다. 위선과 기만을 눈치 채지 못하거나, 강압이나 차별을 어쩔 수 없이 주어진 것으로 받아들이거나, 어쩌면 현실에 안주하면서 아주 작은 이익의 부스러기라도 생기지 않을까 복지부동하는 태도가 여기에 속한다.

이 책은 앞 단락에서 논한 여러 야만의 모습과 관련된 역사의 사례들을 차례로 나열한 뒤 그것을 우리 사회의 현실과 연결시키려 시도한다. 물론 그 사례들이 야만의 여러 얼굴들을 한꺼번에 보여주고 있는 경우가 더 흔하다. 이렇듯 수많은 야만이 여러 모습으로 횡행하는 우리의 사회에 대해 절망하고 있을 수만은 없다. 앞서 얘기했듯 그러한 현실을 개선시킬 출발점은 그 모순과 야만에 대한 인식에 있는 것이 확실하다. 그렇지만 그것만으로는 불충분하고, 그 현실에 '분노'를 느껴야 한다. 그리하여 결론으로는 행동으로 이어질 정당한 분노를 촉구하는 사례들을 모았다. 지금 이 글을 쓰고 있는 이 순간에도 분노의 사례는 쌓이고 있다.

이 책의 제목을 정하는 과정에서 CBS 라디오의 정혜윤 PD와 청주대학교 조승래 교수의 예리하면서도 친절한 조언에 크게 힘입었다. 여기에 실린 대부분의 글은 『한겨레신문』의 칼럼을 세 배 길이 정도로 확장시킨 것이지만, 일부는 예전에 『교수신문』에 실렸던 글을 약간씩 손본 것이다. 그 개작의 과정에서 귀중한 도움을 얻었다. 한국교원대학교 대학원에 다니는 현직 교사인 김영화, 전현숙, 김창우, 조재영은 자신들의 논문을 작성해야 하는 바쁜 일정과 정신적인 긴장감 속에서도 초고를 읽는 배려를 아끼지 않았다. 그들이 공감하며 분노한 덕분에 수많은 과오가 교정되고 책의 틀이 새롭게 만들어졌다. 칼럼을 좋아해주신 지인들을 포함하여 도움을 준 모든 분들에게 간략하나마 감사의 뜻을 전한다.

2011년 9월

조한욱

목차

제1장

탐욕

윤리가 먼저요!

베르톨트 브레히트는 독일의 시인이자 극작가이자 연극 연출가였다. 그는 끊임없는 실험 정신으로 20세기의 무대 예술을 한 차원 높였다는 평을 받는다. 문화평론가로 명성 높은 레이먼드 윌리엄스는 그의 작품을 가리켜 "입센과 스트린드베리 이후 가장 중요하고 독창적인 유럽 드라마"라고 말했다. 20대 후반부터 마르크스주의에 경도되었던 그는 끝까지 그 이념에 충실했다. 그는 거기에 맞춰 관객의 사회관을 변형시키려는 시도를 선보였고, 그것은 '소외 효과'라는 방식으로 표출되었다.

소외 효과란 관객이 자신을 연기자와 동일시하면서 극에 몰입하는 것을 막도록 고안된 장치를 말한다. 즉, 관객이 보고 있는 것은 단지 극중의 연기일 뿐이라는 사실을 자각하도록 고안된 기법을 가리키는 것이다. 예를 들면, 무대 위에 해설 자막이나 그림을 올려 상황을 알려주거나, 배우들이 연기 장면과 상관없이 작품의 줄거리를 설명하거나

◯◯◯ **베르톨트 브레히트**
브레히트가 쓰고 쿠르트 바일이 곡을 붙인
〈서 푼짜리 오페라〉는 뉴욕의 브로드웨이
와 런던의 웨스트엔드에서 여러 번 공연되
었고 영화로도 제작되었다.

노래를 부른다. 무대 위에 일부러 조명이나 밧줄 등의 무대장치를 노
출하기도 한다. 그것은 관객들이 등장인물이나 연극 자체에 스스로를
동화시키지 못하게 함으로써, 관객이 극중에 반영된 '현실' 세계를 한
결 명확히 인식할 수 있도록 하는 것이 목적이다.

　그 소외 효과를 이용한 대표적인 작품이 〈서 푼짜리 오페라〉다. 그
의 희곡에 쿠르트 바일이 곡을 붙인 뮤지컬인데 뉴욕의 브로드웨이
와 런던의 웨스트엔드에서 여러 번 공연되었고, 훗날 독일에서 두 차
례 미국에서 한 차례 영화로 제작되기도 했다. 그런데 그의 극에 환호

하던 관객이 그가 그토록 타파하려고 시도했던 부르주아 계층과 자본주의 사회 구성원이었다는 사실은 역사의 아이러니다.

남주인공의 이름은 마키 메서다. '칼잡이 마키'라는 뜻인데, 영어로는 '맥 더 나이프'로 번역한다. 베를린에서 〈서 푼짜리 오페라〉의 최초 공연의 막이 오르기 얼마 전에 마키 메서의 역할을 맡은 남자 배우가 만일 그 배역에 대한 적절한 소개가 없다면 무대에 오르지 않겠다고 선언했다. 그리하여 〈마키 메서의 노래〉가 급조되어 도입부와 대단원에 불려졌다. 그 노래가 영어로 바뀌어 재즈 풍으로 널리 불리게 된 것이 〈맥 더 나이프〉다. 루이 암스트롱, 보비 다린, 엘라 피츠제럴드, 프랭크 시나트라 등의 쟁쟁한 가수들이 불러 세계적으로 유명해진 곡이다. 언젠가에는 '맥'이라는 발음 때문에 맥도날드 햄버거의 홍보용 노래로 사용되기도 했다. "먹는 것이 먼저요, 윤리는 나중"이라는 가사로 카를 마르크스의 명제를 단적으로 표현한 그 노래가 자본주의의 상징인 맥도날드의 시엠송으로 사용되었던 것도 아이러니이기는 마찬가지다.

"먹는 것이 먼저요, 윤리는 나중"이라는 가사가 카를 마르크스의 경제적 결정론을 단적으로 표현했다는 이유는 다음과 같다. 마르크스는 인간의 경험을 토대와 상부구조로 나눈다. 그중 물질적 경험인 토대(또는 하부구조)의 변화가 중요한 요인이며 정치, 사상, 도덕, 문화 등의 상부구조는 토대의 변화에 따라 바뀐다. 계급은 이러한 물질적 경험의 차이에 따라 구분된다. 즉, 자본이나 토지와 같은 생산수단을 소유하고 있는가 아닌가에 따라 사람들의 계급이 결정된다는 것이다. 지주와 자본가는 유산계급의 의식을 갖게 되고 노동자와 소작인은 무산계급의 의식을 갖게 된다는 것이다. 이것을 가리켜 "실존이 의식을 결정한다"고 표현하기도 한다. 결국 모든 것의 밑바탕에는 경제가 있기에 마르크스의 이론을 경제적 결정론이라고 말하는 것이다.

동구권이 몰락한 뒤 마르크스주의도 함께 퇴색한 감이 있다. 그가 예견했듯 자본주의 사회가 공산주의 사회에 자리를 내준 것이 아니라 오히려 자본주의는 더욱 세력을 키우고 있는 반면 공산주의의 미래는 기약할 수 없는 것처럼 보이기 때문이다. 그러나 조금 유심히 우리 사회를 들여다보면 마르크스의 혜안이 오히려 돋보이는 것 같다. 예산 심의나 정책 입안이나 학술 진흥 그 어느 구석을 보아도 경제를 잣대나 미끼로 모든 것을 결정한다.

2008년부터 3년 연속 예산안은 여당 단독으로 처리했다. 4대강 사업을 추진하느라 복지와 교육 예산은 대폭 삭감되었고, 그것에 반대하는 야당을 물리적 힘의 우세를 이용해 저지하며 통과시켰다. 완력을 사용한 측에게 완력으로 대응할 수밖에 없는 상황에서 언론은 그 폭력성만 부각시키면서 정치에 대한 대중의 환멸을 조장했다. 여야할 것 없이 국회의원들은 자신의 지역구 예산을 챙기기에 여념이 없었다. 실세라는 자들이 더 큰 몫을 챙긴 것은 두말할 나위 없다. 정부의 여러 부처에서도 정책을 세우면서 그에 순응하는 기관에, 그 순응하는 정도에 따라 차등으로 지원금을 준다고 압력을 가한다. 창의적 발상이 나타날 수 없는 구조다. 학술진흥재단을 이어받은 한국연구재단에서도 학술지를 등재하도록 만들어, 등재한 대상에 대해서만 지원한다. 학회마다 등재하지 않을 수 없는 상황이니 강요된 것이라고 말해도 무방하리라. 지원금을 미끼로 학자들을 통제하려는 발상이 아닐 수 없다.

확실히 토대가 상부구조보다 선행하는 세계다. 마르크스에 대해 혐오감을 보이며 북풍에 기대는 보수주의자들이 경제를 기준으로 행동의 지침을 삼는 것은 뭔가 이상해 보인다. 반공을 내걸면서 국가의 정책을 세우려면 마르크스를 거꾸로 매달아야 하지 않겠는가? 그리하여 "윤리가 먼저요, 먹는 것은 나중"이라고 주장하면서 체면과 염치도 지키는 면모를 보여야 마땅하지 않겠는가?

공항 이야기

로마 시대의 목욕탕, 중세의 대성당, 18세기의 궁궐, 19세기의 기차역. 이 건물들의 공통점은 무엇일까? 각기 그 시대에 가장 넓은 지붕을 올린 건물이었다. 막대한 경제력과 최첨단의 기술적 노력을 쏟아부어 거대하게 담장이 둘러진 장소를 만들고 그곳에 지붕을 얹는다. 역사가 로런스 라이트는 그런 건물을 건립하는 목적이야말로 그 시대 사람들의 삶에서 가장 중요한 관심사였다고 주장한다.

카라칼라의 목욕탕은 400미터 길이의 정사각형과 맞먹는 넓이로 성 베드로 대성당의 여섯 배였다. 대략 잠실야구장 넓이의 약 열여섯 배가 되는 목욕탕이라고 설명한다면 짐작이 갈 것이다. 디오클레티아누스 황제의 목욕탕은 그것보다 두 배가 컸다고 전해진다. 미켈란젤로는 그 목욕탕의 현관을 개조해서 '산타마리아 델리 안젤리 에 데이 마르티리 대성당'으로 만들었을 정도였다. 로마제국에서는 목욕탕이 공공 생활의 중심점이었다. 목욕은 도락을 넘어 근본적인 사회적 의무였다.

중세에 만들어진 대성당은 도시 주변의 납작한 다른 건물들과 결코 조화를 이루지 않는다. 대성당은 다른 건물들을 위압적으로 내려다보며 군림하는 듯 보인다. 신에게 도달하려는 신앙심을 표현하기 위해 높이 지었던 고딕식 대성당을 위해 새로운 종류의 건축 시도가 도입되었고, 그것은 새로운 미적 감각을 탄생시켰다. 중세에 지어진 대성당은 당시 절정에 달했던 교회의 위세를 과시하는 듯하다.

18세기 절대주의 시대에는 국왕의 권력이 가장 컸다. 각 나라의 국왕들마다 경쟁적으로 궁궐을 화려하게 건축하여 국력을 과시하려 했다. 베르사유 궁, 쇤브룬 궁은 각기 부르봉 왕가와 합스부르크 왕가의 권세를 상징하는 건축물이다. 궁궐을 짓기 위해 당대 최고의 과학과 기술이 이용되었고, 수많은 인력이 동원되었다. 베르사유 궁을 지을 동안 "매일 밤마다 죽은 사람들을 가득 실은 수레가 지나갔다"는 기록이 남을 정도로 루이 14세는 사람들을 혹사시키며 자신의 여름 별장을 화려하고 웅대하게 건설했다.

19세기에는 기차가 새로운 시대의 첨병으로 인식되면서 기차역이 인상파 화가들의 상상력을 자극했다. 산업혁명의 결실을 수확하며 물질적 풍요를 구가하기 시작하던 시대를 주도했던 것이 철도였다. 터너와 모네는 물론 특히 마리네티와 같은 미래파 화가들은 기차 자체를 그림의 대상으로 만들었다. 그와 함께 기차역도 화가들의 관심을 끌었다. 인상파를 이끌었던 모네는 생라자르 역을 묘사한 연작을 만들었고, 마네도 같은 역의 광경을 그린 바 있다. 특히 인상파 화가들

〜⌒ **인천 국제공항 여객 터미널 전경**(사진 제공: 인천국제공항공사)
로마 시대의 목욕탕, 중세의 대성당, 18세기의 궁궐, 19세기의 기차
역이 각각 그 시대의 막대한 경제력과 최첨단의 기술적 노력을 투
자한 건축물들이라면 20세기 이후에는 공항이 그렇다. 특히 국제공
항은 국가의 얼굴과도 같은 장소이기에 나라마다 그 건설에 심혈을
기울인다.

의 작품을 많이 소장한 오르세 미술관이 기차역을 개조한 건물이라는 것도 우연은 아닐 것이다.

그렇다면 오늘날에는 어떤 장소가 그런 역할을 할까? 바로 공항이다. 특히 국제공항은 이른바 세계화 시대에 외교와 교역과 통상의 관문임은 물론, 관광 여행의 출입구이자 보안과 검역의 교두보이기도 하다. 국가의 얼굴과도 같은 장소이기에 나라마다 그 건설에 심혈을 기울인다. 공항은 그다지도 중요하고, 사람들의 이목을 끌 수 있고, 외국을 다녀오려면 통과하지 않을 수 없는 장소다. 그렇기에 스타들도 공항에 나타날 때면 패션에까지 신경을 써 '공항 패션'이라는 말이 나오기도 한다.

그런데 우리의 대표적인 국제공항인 인천 공항을 매각한다는 이야기가 흘러나온다. 세계 공항 서비스 평가에서 6년 연속 1위를 했다고 자랑하는 바로 그 공항 이야기다. 인천 공항의 민영화를 추진하면서 내세운 이유 중의 하나가 더 나은 선진 경영 기술을 배우기 위함이라 한다. 그렇지만 오히려 인천 공항의 경영 방식을 배우기 위해 4,000명이 넘는 외국의 관계자들이 다녀갔고, 공항 운영 기술을 수출까지 하는 마당에 그 설명은 가당치 않다. 정부가 강력히 요구해 여당에서 관련 법안을 처리한다고 하는데, 왜 그 법안을 처리해야 하는지 정확한 자료조차 제공하지 않는다. 여당은 국회와 정부의 권력 분리 원칙도 알지 못하는 듯 추진하고 있다. 그렇게 논리도 없이 밀어붙이기 때문에 실세의 친인척에게 지분을 넘기기 위한 술수라는 의심을 산다. 공항 민영화와 관련된 경제적 논리도 전혀 납득이 가지 않지만, 이것은 결코 경제적 논리만으로 접근해서는 안 되는 사안이다.

존 케네스 갤브레이스라는 캐나다 출신의 미국 경제학자가 있다. 프랭클린 루스벨트부터 트루먼, 케네디, 존슨 대통령에 이르기까지 미국 민주당의 경제 정책을 담당하여 정치에 참여하기도 했던 그의 가장 유명한 저작은 『풍요로운 사회』다. 그밖에도 저서를 대단히 많이 남겨 아마도 세계적으로 가장 이름이 널리 알려진 경제학자라는 평을 듣기도 했다. 1954년, 그는 1929년에 발생한 미국의 대공황에 대한 책, 『대 추락: 1929』를 썼다. 대공황의 50주년을 기억하며 1979년에 나온 특별 판본 서문의 말미에서 그는 미소를 자아내는 에피소드를 전달한다. 어느 날 갤브레이스는 공항의 한 서점에서 그 책이 잘 팔리는지 알아보려고 점원에게 슬쩍 물어보았다. 그는 온갖 용기를 짜내어서 다음과 같이 물었다. "요새 나온 책 한 권에 대해 많은 사람들이 이야기하고 있다던데. 저자 이름은 기억나지 않네요. 아마도 갤브레이스라고 하던가? 그렇지만 책 제목은 알아요. 『대 추락』이라고 하던데……." 돌아온 점원의 대답은 이랬다. "공항에서 팔 수 있는 책 제목은 아니군요." 무릇 공항에 대해서는 해서 안 될 말이 있는 법이다.

상계동과 애틀랜타

　　　　　　　미국에는 1년의 출발점이 둘 있다. 하나는 당연히 1월 1일 정초이고, 다른 하나는 새 학기가 시작하는 9월이다. 미국인들의 삶에서 중요한 위치를 차지하는 스포츠로 판단할 때 1년이라는 주기는 9월에 시작한다. 시즌이 시작하기도 전인 8월 중순부터 미국의 주말은 토요일은 대학교의, 일요일은 프로의 미식축구로 들끓는다. 큰 나라이고 학교가 많으니 전국 챔피언을 뽑는 시합은 있을 수 없어, 경기가 끝나면 다음 화요일에 발표되는 대학 팀들의 순위를 보면서 희비에 젖는다. 이런 순환은 학기 내내 지속되면서 신년 초의 여러 볼게임에서 절정에 달한다. 대학 팀의 1년 농사를 마감하는 볼게임이 끝나도 프로 팀의 경기는 2월 중의 슈퍼볼까지 지속된다. 그 뒤로는 농구 경기가 미식축구 마감의 아쉬움을 달래준다. 대학 농구를 결산하는 64강의 열전이 시작되면 또다시 미국은 봄의 열풍에 들끓고, 5월 중순께 열리는 결승전에서 고조에 달한다. 그 뒤 NBA

의 플레이오프와 결승전이 6월 중순까지 지속되면서 스포츠팬들을 사로잡는다.

미국에서 오래 살아보지 않은 사람은 미국 사람들이 미식축구와 농구에, 특히 대학 팀의 경기에 쏟는 열정이 얼마나 엄청난지 알지 못한다. 그렇게 열정이 크기에 그것에 관계되는 금전의 액수도 엄청나고 그 액수가 엄청나기에 열정도 더욱 커진다. 어떤 것이 계란이고 어떤 것이 닭인지 알 수가 없다. 대학 스포츠가 돈 잔치로 흐른다는 양식 있는 지적에도, 바로 그렇기 때문에 대학 스포츠는 더욱 성행한다. 미식축구 스타였던 O. J. 심슨의 살인 혐의와 프로 복서 마이크 타이슨의 추행 사건에도 돈방석에 앉는 스포츠의 스타는 삶의 목표로 삼을 인물로 추앙받는다. 돈과 얽힌 스포츠, 그리고 그것에 열광하는 미국인들에게 스포츠의 소강기인 6월 중순에서 8월 중순은 지루한 계절이다.

그 지루한 계절에 돈을 약간 더 벌기 위해서 미국은 올림픽이나 월드컵을 유치한다. 1984년의 로스앤젤레스 올림픽은 7월 28일과 8월 12일 사이에, 1994년의 월드컵은 6월 18일과 7월 18일 사이에, 1996년의 애틀랜타 올림픽은 7월 20일과 8월 6일 사이에 열렸다. 특히 애틀랜타 올림픽은 개막 직전에 있었던 TWA기 추락에도 "최고의 보안 대책"을 마련하고 있다는 장담을 비웃듯 폭탄 테러로 얼룩졌고, 형편없는 시설로 돈벌이에만 눈이 어둡다 하여 프랑스의 한 신문은 "애틀랜타 후에 모든 아프리카 국가들도 올림픽 개최 신청을 할 수 있을 것"이라고 아프리카를 모독해가며 미국을 비난했다.

많은 나라에서 많은 언론이 미국의 상업주의와 패권주의를 통박했

〰 〈상계동 올림픽〉의 한 장면(사진 제공: 시네마달)

1988년 서울 올림픽을 준비하던 1987년 4월, 우리나라를 방문할
외국 손님들의 눈에 거슬릴 것이라 하여 상계동의 판잣집들이
철거되었다. 삶의 터전에서 쫓겨난 주민들의 문제는 지금까지도
완전한 결말을 보지 못하고 있다. 독립영화 〈상계동 올림픽〉은
이들의 문제와 고초를 영상에 담았다.

지만 왜 하필이면 살인적으로 무더운 시기만 골라서 세계인의 행사를 미국에서 빼앗아가듯이 개최했는지 그 질문은 던지지 않았다. 당시로선 축구의 변방지역이었던 미국이 언제부터 축구의 강국이었다고 월드컵을 개최했는가? 미국이 어떤 나라이기에 근대 올림픽 출발의 100주년을 기념하여 그리스에서 열어야 한다는 명분도 제치고 로스앤젤레스 이후 12년 만에 애틀랜타에서 올림픽을 개최했는가? 월드컵과 올림픽이 황금알을 낳는 거위임이 확실해진 뒤에 미국은 약간의 가욋돈을 벌기 위해 돈벌이가 안 되는 기간 동안만 전지구인의 축전을 강탈한 것이다. 이것이 우리가 미국을 보면서 세계를 경영할 나라로서 자격이 있는지 제기하는 의문의 하나다.

다른 나라들은 세계인의 축전을 유치하면서 운동하기 가장 좋고 관람하기 가장 좋은 시기를 택해 손님을 맞는다. 우리도 1988년 서울 올림픽을 치르면서 통계적으로 비가 제일 오지 않고 날씨가 좋은 시기를 선정했다. 그런데 우리는 손님들에게 지나치게 친절한 나머지, 판잣집들이 손님들의 눈에 거슬릴 것이라 하여 사람들을 삶의 터전에서 몰아냈다. 올림픽 준비 기간인 1987년 4월 상계동에서 쫓겨나 10개월을 명동 성당에서 보내고 1988년 1월 부천으로 몰려갔던 이 자국내 '난민'들의 문제는 지금까지도 완전한 결말을 보지 못하고 있다. 〈상계동 올림픽〉이라는 제목으로 '푸른 영상'에서 만든 독립영화가 이들의 고초를 잘 보여준다. 얄팍한 이익을 챙겨주기 위해 정부가 체면을 무시하고 나선 나라나 외국인들에게 보일 체면을 위해 자기 국민을 거리로 내몬 나라나 방법은 달라도 야만의 강도에서는 똑같다.

2002년에 대한민국과 일본이 공동으로 월드컵을 개최했다. 그 사이에 상황은 개선되었을까? 아니, 악화되었다. 월드컵을 주관하는 FIFA는 지문까지 닳아 없어지는 고통과 심한 노동력 착취 속에 축구공을 바늘로 꿰매고 있는 인도와 파키스탄의 아동들에 대해 무관심했다. 반면 이제는 명예와 권력과 부의 자리가 된 그 회장직을 두고 벌어진 공방에는 온갖 촉각이 곤두세워졌고, 그곳에서도 유럽 중심주의는 큰 힘을 발휘하여 공금 횡령과 부패의 혐의 속에서도 제프 블라터 회장이 재선되었고 아직도 그 자리에 있다. 이것이 "전 세계인이 하나 되는 계기가 되기를" 바라는 월드컵의 실상을 보여주는 한 단면이다.

외국인들에게 깨끗하고 아름다운 모습을 보여주기 위해 초래된 내국인의 피해는 서울 올림픽과 비교해 그 대상만 바뀌었을 뿐 그 양상은 비슷했다. 도시 환경미화를 이유로 노점상들은 폭력과 강제 철거를 통해 단속을 받으며 사람들의 시각에서 사라져주기를 강요당했다. 외환위기 이후 일터를 잃은 사람들이 호구지책을 찾아 노점상으로 나선 경우가 급증한 것을 감안한다면 노점상의 단속으로 인한 피해자의 숫자는 서울 올림픽의 경우보다 훨씬 많을 것으로 추정된다. 더구나 서울 지역에 국한되었던 올림픽과 달리 월드컵은 전국 열두 개 도시에서 벌어지기 때문에 더욱 그러했다.

4강이라는 성과에 가려 월드컵의 그늘에 대한 논의는 빛을 잃었다. 그 외형적인 업적주의 속에서 스포츠의 상업화는 속도를 더했다. 이제는 단기적인 이익을 노린 승부 조작까지 벌어졌다. 도덕적 정신을 잃으면 스포츠도 야만이 된다.

혁신이 필요한 시대

　　　　　　소수의 자본가들이 비약적인 경제 발전의 결실을 독점했다. 그들은 대다수 국민의 생활을 좌우하며 특권을 누렸다. 정치가들은 이들과 결탁하여 국민의 복리를 외면했다. 빈부의 격차가 벌어지고 사람들은 차츰 미래에 대해 두려움을 갖게 되었다. 그 결과 민주주의가 정치적으로도 경제적으로도 크게 위협받았다. 언제 어디일까? 1900년대 미국의 이야기다.

　오늘날 미국이 자유와 평등이 보장된 나라, 열심히 일하는 자에게 성공의 기회가 주어지는 나라로 인정받고 있는 것은 당시 위기를 잘 극복한 덕택이다. 그 핵심은 '혁신주의'라는 일종의 자정운동으로, 그것을 주도한 사람들은 사회 정의를 구현한다는 목표를 실천에 옮겼다. 그렇지만 특정 정당이나 단체가 주도하여 일으킨 것이 아니어서, 정책의 방향이나 성격이 균일하지는 않았다. 하나 최소한 정치의 민주화, 독점 기업에 대한 규제, 노동자 생활권의 보장을 요구했다는 점에서는 대체로 일치했고, 그런 요구가 도시와 농촌 도처에서 동시다발적으로 일어났다는 사실에 큰 의미가 있다.

이 운동을 주도했던 사람들은 변호사, 언론인, 종교인, 기업가 등 다양했지만, 대체적으로 중산계급 지식인이었다. 그중에서도 대표적인 인물은 루이스 브랜다이스라는 변호사였다. 그는 공공의 대의를 위해 일을 해서 '민중의 변호사'라는 별명을 얻었고, 수임료를 받지 않고 변호를 해줘 훨씬 더 광범위한 문제에 대한 소송을 담당할 수 있었다. 잡지 『이코노미스트』에서는 그에게 '법조계의 로빈 후드'라는 별명을 붙였다. 윌슨 대통령이 그를 대법관에 지명하자 반대가 있었다. 반대 이유 중의 하나는 "그는 부패하지 않기 때문에 위험하다"는 것이었다.

개인의 경제적 자유를 옹호하는 경향이 강한 미국에서는 사회보장제도의 필요성을 크게 인식하지 못했지만, 브랜다이스와 같은 변호사들의 노력에 의해 점차 인식이 바뀌기 시작했다. 오리건 주에서 여성 노동자의 하루 노동 시간을 열 시간으로 제한하는 법을 제정하자 고용주들이 소송을 걸었다. 브랜다이스는 그들의 비참한 현실을 보여주는 자료를 제시하며 그들을 위해 변론했다. 그는 법률가들이 그런 현실을 모를 때 공공의 적이 되기 쉽다고 경고하면서, 노동자들의 이익을 위해 사회 입법이 필요함을 역설했고, 승소했다. 이후 연방은 물론 주 단위의 재판부에서도 아동 노동자를 보호하고, 최저임금제를 도입하는 법안에 동조하기 시작했다.

법조인들의 노력에 발을 맞추어 언론인들도 활약했다. '폭로자'라는 의미의 머크레이커muckraker라고 불리던 그들은 여러 대중 잡지를

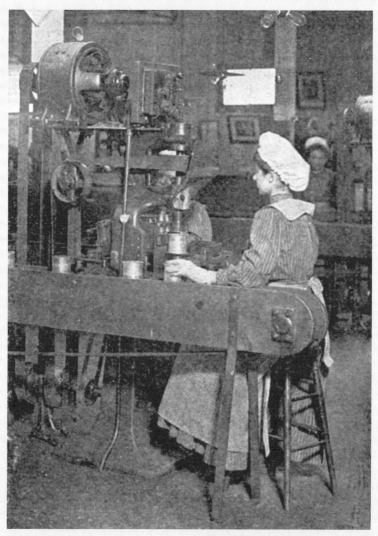

미국의 여성 공장노동자(1909년)
브랜다이스는 법률가들이 노동자들의 비참한 현실을
모를 때 공공의 적이 되기 쉽다고 경고하면서, 노동자
들의 이익을 위해 사회 입법이 필요함을 역설했다. 이
후 연방은 물론 주 단위의 재판부에서도 아동 노동자를
보호하고, 최저임금제를 도입하는 법안에 동조하기 시
작했다.

통해 기업계의 내막이나 정치인들의 추문을 비롯한 사회 부조리의 사례들을 고발했다. 석유 재벌, 철도 재벌, 금융계의 트러스트, 미국의 상원 그 어떤 것도 그들의 필봉을 피할 수 없었다. 그들의 글을 읽은 독서 대중은 개혁의 필요성을 절감하게 되었다.

문필가들도 가세했다. 〈젊은이의 양지〉라는 영화의 원작자로 유명한 시어도어 드라이저도 그 당시 운수업계의 거물들의 비리를 폭로했다. 아마도 이 당시의 고발 문학가들 중 가장 유명한 사람은 업턴 싱클레어일 것이다. 그는 『정글』이라는 소설을 통해 이민 노동자의 참상을 그렸다. 싱클레어가 그 소설을 쓴 목적은 어린이와 여성을 포함한 노동자의 열악한 노동 조건을 고발하고 착취의 실상을 알리려는 것이었다. 그는 그것을 통해 공장 내부에 부정부패의 고리가 연결되어 있음을 보이려 했다. 그렇지만 대중은 자신들이 먹는 고기의 위생 상태가 그다지도 열악했다는 사실에 경악했다. 그는 "대중이 노동자들에게 관심을 보여서가 아니라 결핵에 걸린 소고기를 먹고 싶지 않아서" 자신이 유명해졌다고 씁쓸하게 회고했다. 싱클레어는 "대중의 심장을 겨냥했는데, 실수로 위장을 가격했다"고 말하기도 했다. 궁극적으로 그의 저작으로 말미암은 대중의 압력은 안전한 식품과 약품에 대한 조례를 만들고, 현재 미국식약청의 전신인 '화학청'을 설치하는 것으로 이어졌다. 미국의 축산업과 소고기에도 면밀하게 이어지는 역사가 있다.

이곳에서는 지식인의 온상인 대학교에서 청소 노동자들에게 피해보상을 청구하는 소송을 벌인다. 홍익대학교에서는 노조를 결성한 청소 노동자들을 해고했다가 악화된 여론에 굴복하여 그들과 재고용

계약을 맺었다. 그 당시의 앙금이 남은 것인지, 그들이 농성했던 기간에 학교가 입은 피해를 보상해달라고 소송을 걸었다. 직원들이 마신 찻값까지 물어내라는 소송이다.

비리의 혐의가 너무도 뚜렷하고 구체적이어서 재단이 퇴출된 대학교들이 있다. 그리하여 정상화가 된 대학에 그들이 다시 자신들이 설립한 소유물인 대학을 되돌려달라고 요청한다. 그 결과 생긴 분쟁을 조정하기 위해 사학분쟁조정위원회가 만들어졌다. 그런데 그들이 하는 일은 분쟁을 '조정'하는 것이 아니라 '조장'한다는 탄식이 나온다. 그 위원들은 법조인을 비롯하여 지식인을 자처하는 사람들이다. 그들은 대학을 '재산'으로 간주하는지 비리를 저질렀던 구舊 재단 측에 대학을 하나하나 넘기고 있다. 기록은 남는데, 동시대인들은 물론 후손에게 부끄럽지도 않을까? 미국은 혁신을 통해 자랑스러운 나라를 만들었고, 그것을 주도한 지식인들이 역사의 영웅으로 기억된다. 한국은 부끄러움도 모르는 그 지식인들이 있다는 사실이 부끄러운 나라다. 여전히 혁신이 절박하게 필요한 나라라는 것이 비애감을 자아낸다.

프랑켄슈타인

　　　　　　　1818년 영국의 런던에서 『프랑켄슈타인』이라는 소설이 '현대판 프로메테우스'라는 부제를 달고 익명으로 출판되었다. 곧 저자는 19세의 메리 셸리라는 것이 밝혀졌다. 메리 셸리는 특이한 삶을 살았던 부모를 두었고, 스스로도 특이한 삶을 살았던 여성이었다. 아버지 윌리엄 고드윈은 무정부주의의 초석을 깔았던 철학자로 알려져 있는데, 집에 불이 나면 식구보다 책을 먼저 챙기겠다고 공언하던 인물이었다. 어머니 메리 울스톤크래프트는 1792년에 출판된 『여성 권리의 옹호』라는 책의 지은이로 잘 알려져 있는데, 여성이 남성보다 열등하게 보이는 것은 교육을 받지 못했기 때문이라는 주장을 펼쳤다.

　울스톤크래프트는 유부남 화가 헨리 퓨젤리의 천재성에 빠져들어 그의 부부와 플라토닉 러브의 관계를 유지하면서 동거하자고 제안했다가 거절당한 일이 있었다. 그뒤 프랑스혁명 당시 파리에서 미국인

『프랑켄슈타인』에 삽입된 삽화(시어도어 홀스트, 1831년)
오늘날 프랑켄슈타인은 인간이 만든 괴물로 많이 알려져 있지
만, 사실 소설에서 프랑켄슈타인은 괴물을 만든 과학자다. 괴물
은 '괴물', '악귀', '야비한 벌레' 등의 보통명사로 지칭될 뿐이다

모험가 길버트 임리와 격정적인 사랑에 빠져 딸을 낳았지만 그와 공식적인 결혼은 없었다. 이후 임리에게 거절당한 뒤, 두 번의 자살 시도가 있었다. 그 충격에서 벗어나면서, 자신을 보호해준 윌리엄 고드윈과 결혼을 하게 되었다. 고드윈은 자신의 저서를 통해 결혼이라는 제도를 폐지해야 한다고 주장을 했으면서도 결혼을 했기에 세간의 비난을 받기도 했다. 그렇지만 그들의 행복은 오래 가지 않았다. 그들의 딸 메리가 태어난 지 열흘 만에 울스톤크래프트가 사망했기 때문이다. 고드윈은 비통에 젖었고, 아내를 추모하는 회고록을 쓰기도 했다. 그렇지만 거기에서 아내의 비밀을 속속들이 파헤쳐서 "죽은 아내를 벌거벗기는 감정의 결여"를 보여주었다고 비판을 받기도 했다.

메리 울스톤크래프트 고드윈은 낭만주의 시대의 천재 시인 퍼시 비시 셸리를 만나 결혼함으로써 메리 셸리가 되었다. 그렇지만 그들은 처음부터 결혼한 것은 아니었다. 셸리는 열일곱 살의 메리를 유럽으로 데리고가 또 다른 낭만주의 시인 바이런 경의 집에서 잠시 기묘한 동거 생활을 했다. 그들은 해방과 혁명을 통해 세상을 다시 만든다는 이상을 품은 천재들이었다. 그런 상황에서 『프랑켄슈타인』이 출판되었고, 처음엔 이 소설이 퍼시 셸리의 작품일 것이라는 오해가 있었지만, 그가 쓴 것은 서문밖에 없었다.

오늘날 프랑켄슈타인은 인간이 만든 괴물로 잘못 알려져 있지만, 사실 소설에서 프랑켄슈타인은 괴물을 만든 과학자다. 괴물은 '괴물', '악귀', '야비한 벌레' 등의 보통명사로 지칭될 뿐이다. 소설 속에서 프랑켄슈타인 박사는 송장으로 괴물을 만든다. 원래 아름답게 만들려 했으나, 시체의 여러 부분을 결합시켜 만들다보니 2.4미터의 키에 근육 조직과 혈관까지 그대로 보이는 추한 형상으로 만들어진다. 그 흉악한 모습에 놀라 박사는 괴물로부터 도피해 평범한 삶을 살기로 한다. 괴물은 당황하고 혼란에 빠진다. 괴물은 인간들과 친해지려고 하나 그의 모습을 본 인간들은 모두 깜짝 놀라 피한다. 자신의 형상이 추하다는 것을 알게 된 그는 의도한 것은 아니었지만 프랑켄슈타인의 어린 동생을 죽임으로써 살인을 시작한다. 괴물과 마주친 프랑켄슈타인은 그를 죽이려 하나 괴물이 더 강하고 민첩하다. 괴물이 오히려 박사에게 냉정해지라고 말하면서, 자신도 행복할 권리가 있으니 반려가 될 여자 괴물을 만들어주면 사람 눈에 띄지 않는 곳으로 가서 살겠다고 요청한다. 박사는 그 요청을 받아들이지만, 다시 생각해보니 또 다른 괴물이 발생시킬 위험이 두려워져 그 시도를 포기한다. 그것을 알게 된 괴물은 더 큰 복수를 감행한다. 마지막 장면에서 괴물은 자신의 죄 때문에 고통을 느끼고 감정적으로 피폐해져 북극에서 자신의 존재를 스스로 말살시킨다. 연민이 가는 이 괴물보다 애초에 그를 만든 과학자가 진정 괴물이 아닐까 하는 생각이 든다.

부제에 등장하는 프로메테우스는 제우스의 명령을 어기고 인간에게 불을 가져다준 대가로 독수리에게 간을 쪼여 먹히는 형벌을 받는 신화 속의 존재다. 간이 회복되면 또 다시 독수리가 날아와 쪼아 먹는다. 넘보지 말아야 할 영역을 침범한 것에 대한 징벌인데, 그것을 무릅쓰고 인간에게 불과 문명을 가져다준 프로메테우스는 당연히 인간의 칭송을 받아 많은 예술 작품의 주제가 되었다. 아이스킬로스의 『묶인 프로메테우스』가 대표적이다. 그것에 빗대 과학 기술의 발전으로 인간에게 많은 혜택을 안겨준 산업혁명을 서술하며 『풀려난 프

로메테우스』라고 제목을 단 역사가도 있다.

　메리 셸리는 산업혁명 당시 인간 능력의 과도한 팽창을 경계하여 그 소설을 지었다. 괴물을 만든 뒤 프랑켄슈타인이 내뱉는 독백이 그 해석을 명료하게 뒷받침해준다. "나는 중용을 훨씬 넘어서는 열정을 갖고 그 괴물을 원했다. 그렇지만 끝내고 나니 그 꿈의 아름다움은 사라졌고, 숨 가쁜 공포와 혐오만이 내 가슴을 채운다." 그렇지만 이제 는 시대적 의미를 넘어 그 작품은 인간의 지적 오만함에 경종을 울리거나, 마법사의 제자처럼 자신이 시작한 것을 마무리하지 못하는 무능력을 지적하거나, 자신이 만든 것을 스스로 소유하지 못하는 소외의 상태에 빗댄 우화로 받아들인다.

소설『프랑켄슈타인』은 원자력 발전소의 존립 문제에 대해서도 시사점을 던져준다. 세계적으로 에너지 사용량이 급증하고, 화석 에너지원은 결국 고갈될 것이라는 전망 속에 원자력 발전이 불가피한 대안으로 떠올랐다. 1979년 미국의 쓰리마일 섬에서, 1986년 러시아의 체르노빌에서 원전 사고가 일어나 방사능이 유출되었다. 원전 사고의 위험성은 그 피해의 규모를 짐작하기조차 어렵고, 환경에 미치는 악영향이 장기적으로 지속된다는 점에 심각성이 더하다. 체르노빌은 아직 복구되지 못하고 있다. 2011년 일본 후쿠시마 원전에 몰아닥친 쓰나미는 예고된 재앙이었다. 사람들은 문학의 상상력에서도, 역사의 경험에서도 배우지 못한 채 지진 취약 지역에 원전을 지음으로써 언제 끝이 날지 모르는 위험 속에 사람들을 몰아넣었다. 많은 나라에서 원전을 전면적으로 포기하거나 축소시키려는 계획을 발표했다. 그러나 눈앞의 작은 이익을 위해 원전을 포기하지 못하는 우리 동시대인들의 단견은 미래의 후손들에게 어떤 큰 불이익을 초래할 것인가? 인간이 만들었지만 인간이 제어하지 못하는 그 위험에 대한 그들의 비난이 벌써 귀에 들리는 듯하여 마음 아프다.

여배우와 정치가

캔디스 버겐은 1960년대 중반부터 1980년대 초반까지 〈솔저 블루〉, 〈헌팅 파티〉, 〈바람과 사자〉, 〈간디〉와 같이 널리 알려진 영화에 출연하여 올드팬의 뇌리에 박혀 있는 미국 여배우다. 최근에도 〈섹스 앤 더 시티〉나 〈로맨틱스〉 같은 영화에 출연해 무르익은 연기를 뽐낸다. 패션모델, 사진기자, 작가로서도 능력을 인정받으며, 2008년부터는 여성들이 문화와 정치를 논하는 웹사이트에 기고하고 있다.

1960년대에 버겐은 도리스 데이의 아들인 남자 친구 테리 멜처와 로스앤젤레스의 큰 저택에서 살았는데, 그 집을 여배우 샤론 테이트와 남편인 영화감독 로만 폴란스키가 소유하게 되었다. 그 집에서 인종들 사이의 전쟁을 수행한다고 믿던 찰스 맨슨의 지시를 받아 그의 광적인 추종자들이 학살 사건을 일으켜 전 세계를 떠들썩하게 한 일이 있었다(1969). 임신 9개월이었던 테이트와 네 명의 다른 사람들이 살해되었는데, 원래 살해의 목표가 멜처라는 소문이 떠돌았다.

캔디스 버겐은 정치적으로도 적극적이어서 당시 국무장관 헨리 키신저를 만나 자신의 견해를 피력한 적도 있었다. 또한 1967년에는 뉴욕 증권거래소에서 작은 소동을 벌이기도 했다. 버겐은 여러 동료들과 함께 증권거래소 객장에 달러 지폐를 뿌려 거래를 잠시 중단시켰던 것이다. 영화 〈솔저 블루〉에서는 1864년의 샌드크리크 대학살을 고발했다. 1849년 캘리포니아에 금광이 발견되자 일확천금을 노리는 백인의 행렬이 서부로 이어졌다. 당연 인디언과 충돌이 잦아졌다. 그중 악명 높은 것이 샌드크리크 대학살이다. 존 치빙턴 대령이 지휘하는 부대가 무방비 상태에 있던 샤이엔 인디언 150여 명을 도륙한 사건이다. 희생자의 3분의 2가 아녀자였다. 〈솔저 블루〉는 인디언의 편에 서서 사건을 묘사한 몇 안 되는 영화다.

그렇지만 버겐은 텔레비전 시트콤 〈머피 브라운〉에서 맡은 역할을 통해 미국인들의 가장 큰 사랑을 받았다. 〈머피 브라운〉은 1988년부터 1998년까지 10년이 넘게 미국의 CBS 방송국에서 방영되었는데, 그렇게 장수한 이유 중 하나가 그녀의 뛰어난 연기였을 것이다. 그녀가 맡은 극중 인물의 이름이 곧 시트콤의 제목이 된 것만 보아도 그것은 증명된다. 여기서 버겐은 머피 브라운이라는 강인한 리포터이자 FYI라는 극중 방송국의 뉴스 앵커 역을 뛰어난 연기로 소화해, 7년 연속 에미상 후보로 지명되었고 다섯 번 수상했다. 다섯 번째 상을 받고난 뒤에는 후보 지명을 사양하겠다고 밝혔다. 〈머피 브라운〉이 종영된 뒤 CBS로부터 간판 다큐멘터리 〈60분〉의 리포터 역할을 요청받았으나 거절했다. 연기자로서 리포터와 실제 리포터 사이의 경계선을

〰️ **캔디스 버겐(왼쪽)과 댄 퀘일(오른쪽)**
미국 CBS 방송국에서 방영한 〈머피 브라운〉은 1988년부터 1998년까지
10년이 넘게 장수한 시트콤이다. 〈머피 브라운〉의 방영 기간 중에는 주
인공 역을 맡은 '여배우' 캔디스 버겐과 '부통령'이던 댄 퀘일의 '유쾌한'
설전이 오가기도 했다.

흐리기 싫다는 것이 이유였다.

〈머피 브라운〉의 방영 기간 그와 미국 부통령 댄 퀘일 사이에 신경전이 벌어졌다. 그 극에서 머피 브라운은 임신을 하게 되었다. 그런데 아이의 아버지가 자신의 생활 방식을 바꾸면서까지 부모가 되고 싶진 않다고 하자, 머피는 홀로 아이를 낳아 기르고 알코올중독을 치료받는 미혼모로 등장했다. 이것이 1992년 대통령 선거에서 한 변수가 되었다. 당시 부통령 댄 퀘일은 "여자 혼자 아이를 낳아 기르면서 그것을 또 다른 삶의 방식에 대한 선택일 뿐이라고 말해 아버지의 중요성을 조롱했다"고 비판했다. 보수적 유권자들의 표를 의식한 발언이었을 것이다. 그렇지만 극중의 삶과 실제의 삶을 구분하지 못한 부통령의 언급에 대해 많은 사람들이 조롱을 퍼부었다. 어쨌든 그 뒤 그 시트콤에서 다양한 가족의 형태를 다루게 되었으니 퀘일의 언사에 효과가 없었던 것은 아니다.

퀘일은 한 초등학교에서 어린이가 제대로 쓴 감자potato의 스펠링을 'potatoe'로 고쳐줘 구설수에 올랐다. 1992~93년 시즌을 시작하는 〈머피 브라운〉의 제목은 '네가 감저라고 말하면, 난 감자라 말하지' 쯤으로 번역될 수 있었다. 극중에서 머피 브라운은 댄 퀘일의 집 앞에 한 트럭의 감자를 쌓아놓음으로써 대응했다. 그해 캔디스 버겐이 에미상을 받았을 때 그녀는 수상 소감에서 댄 퀘일에 감사했다.

이곳에서도 여배우와 정치가 사이에 이렇게 유쾌한 일화가 있을 수 있다면 얼마나 좋을까. 이 일화가 유쾌한 이유는 부통령이라는 막강한 권력자와 여배우 사이에서 평등하게 설전이 오갈 수 있다는 사실에 있다. 그 평등의 관계가 전혀 이루어질 수 없기에 이곳의 현실은 암울하다. 스타가 되기를 꿈꾸며 연기자의 길로 들어섰다가 성노리개로 전락한 뒤 끝내 그 굴욕을 견디기 어려워 장자연은 2009년 3월 스스로 목숨을 끊었다. 그녀를 농락한 혐의자에는 정치인, 언론인, 기업가, 연예계 종사자 등이 포함되어 있다. 자신이 가진 조그마한 권력을 사회적 약자를 핍박하는 데 남용한 악랄한 인간들이다. 권력을 갖는 자들에게 주어지는 엄중한 의무에 대한 개념은 애초에 없는 사람들이다.

2년이 지난 2011년 3월, 장자연의 자필 편지를 입수했다는 보도가 텔레비전의 뉴스에서 방송되었다. 더 큰 다른 무엇인가를 가리기 위해 느닷없이 이 사건이 공개되었다는 의혹도 있었다. 그것이 단지 의혹이었기를 바라지만, 문제는 그런 음모설이 횡행하도록 이 사회가 건전성을 잃었다는 사실에 있다. 그렇게 서로를 불신하는 사회를 누가 만들었는가? 권력을 가진 사람들이 그렇지 못한 사람들을 배려해야 서로를 믿는 사회가 되지 않겠는가? 자료의 신빙성을 절대적으로 확신하던 방송국도 결국 그것이 조작이라는 법원의 판단에 따라 사과 방송을 내보내야 했다. 의혹은 해소되지 않고 확산된다. 가엾은 영혼은 아직도 한을 풀지 못해 구천을 헤매고 있을 것 같다. 같은 시대를 살아가고 있다는 게 이렇게 부끄러울 수가.

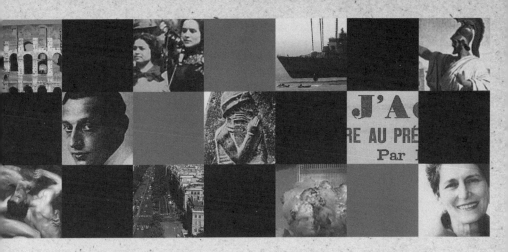

제2장

위선과 기만

국왕의 두 얼굴

5세기에 게르만 민족의 대이동이 있었다. 유럽의 북동쪽 변방에 있던 게르만의 여러 부족이 로마제국으로 물밀듯 쳐들어온 것이다. 군사적인 우세에 힘입어 침입해 들어오기는 했지만 그들의 문화적 수준은 로마제국에 훨씬 못 미쳤다. 게르만의 군사적 승리는 로마의 문화적 패배로 이어지지 않았고, 이 지배자들은 오히려 로마 문화에 동화되었다. 이 시기에 대략 오늘날 프랑스 지역에는 게르만 민족의 일파인 프랑크족이 자리 잡았는데, 오늘날 우리가 그들 삶의 윤곽이나마 알아챌 수 있는 것은 프랑크 왕국 초기에 대한 연대기를 남긴 투르의 주교 그레고리우스 덕분이다.

그는 프랑크 왕국을 세운 메로빙거 왕조의 모습을 생생하게 보여준다. 그것은 배신과 탐욕과 폭력으로 점철된 역사인데, 그 야만성은 그런 일들이 형제와 부부를 포함한 친족들 사이에서 벌어졌다는 점에서 더욱 심각하게 두드러진다. 오죽하면 후대의 역사가 쥘 미슐레는 왕자 중 한 명이 "몇 번의 살인을 빼고는 누구에게도 반감을 살 일을 하지 않았다"고 기술할 정도였을까? 이미 여러 아내를 거느린 한 왕은 에스파냐의 공주를 아내로 맞은 동생에 대한 시기심에서 에스파냐의 공주와 결혼한 뒤 몇 달도 지나지 않아 싫증이 나자 공주를 목 졸라 죽인 일도 있었다.

그렇지만 음모와 술수의 최고 달인은 메로빙거 왕조를 세운 클로비스였다. 그는 친척들을 하나하나 제거하여 자신의 직계 자손만이 프랑크 왕국의 왕위에 오를 수 있도록 만들었다. 근처 왕국의 젊은 왕자를 부추겨 부왕을 시해하도록 만들고는, 부하를 시켜 왕자를 살해한 뒤 부왕의 원수를 갚았다고 내세운 일도 있었다. 적의 신하들을 금팔찌로 매수하여 반역을 일으키도록 부추기고는 그들을 반역죄로 내치기도 했다. 그는 왕위를 넘볼 친척들을 모두 죽인 뒤 "외롭구나. 도와줄 친척도 없이 홀로 남았다"며 한탄했다. 그러나 그 탄식조차도 거짓이었다. 더 죽여야 할 친척이 남아 있는지 떠보기 위해서였다.

결코 바람직한 인간이 아니었고, 기독교인으로서는 더더욱 그러했다. 그런데도 역사책에서는 프랑크 왕국을 통일하고 서유럽의 기독교 교회를 지킨 영웅으로 클로비스를 떠받든다. 그것은 교회와 클로비스가 서로를 필요로 했던 역사적 상황의 필연적인 결과였다. 중세 초 게르만족이 서유럽으로 거칠게 침입해 들어왔을 때, 로마제국도 붕괴시킨 그들 앞에 '로마 가톨릭교회'도 위태로웠다. 게르만 전사들은 이미 크리스트교로 개종했지만, 그들은 가톨릭에서 이단으로 몰린 아리우스파의 신도였기 때문이다. 동로마의 비잔틴제국 황제는 신학적 논쟁으로 말미암아 교황과 결별하고 있었다. 누군가의 보호가 절실하게

〜 〈클로비스에게 세례를 주는 레미기우스〉(작가 미상, 1500년경)
프랑크족의 왕이었던 클로비스는 가톨릭으로 개종하고 인접 게르만
왕국들을 장악하면서 교회의 수호자로 등장했다.

필요했던 가톨릭교회에 서광이 비쳤다. 프랑크족의 왕이었던 클로비스가 가톨릭으로 개종하고 인접 게르만 왕국들을 장악하면서 교회의 수호자로 등장했던 것이다. 클로비스로서는 자신이 세력을 넓히려는 남부 프랑스 지역 주민과 교회의 지지를 받아야 할 필요가 있었다. 가톨릭교도가 대다수였던 그들은 아리우스파인 서고트족의 지배를 받고 있었다. 클로비스의 개종은 그들이 환영할 사건이었던 것이다.

그리하여 로마 가톨릭의 수호자가 될 그의 세례식에 주교들이 모두 몰려들었다. 그들은 그의 몸에 성수를 뿌리고, "모든 민족이 두려워하는 그의 머리가 신의 사도 앞에 숙여진 것"에 만족했다. 그를 칭송하고 그의 왕국 통치에 교회가 도움이 될 것을 약속했다. 곧 이 세례식에 대한 전설들이 만들어져 유포되었다. 그중 가장 오래도록 영향을 미친 것은 세례에 필요한 성유와 함께 성서가 비둘기를 통해 하늘에서 내려왔다는 것이다. 이후 프랑스 왕들의 대관식에 바로 이 기름이 사용되었고, 그것이야말로 프랑스 국왕이 가장 기독교적인 왕이라는 주장의 근거가 되었다. 1999년에 만들어진 영화 〈잔 다르크〉를 보면 누군가의 손이 등잔에 기름을 채우는 장면이 나오는데, 그것이 바로 클로비스에게 세례식을 거행할 때 하늘에서 내려왔다는 그 기름이다.

2004년 5월, 당시 서울 시장은 "하나님이 다스리시는 거룩한 도시 수도 서울을 하나님께 봉헌한다"는 발언으로 구설에 오른 바 있다. 진정한 신심에서 우러나온 말이라 할지라도 제정분리라는 대원칙에 대한 무지를 보여주는 언사로서 고위공직자가 할 말은 결코 아니었다. 진정한 신심에서 나온 말이 아니었다면 그것은 큰 물의를 일으켰던

'BBK 주가 조작 사건'이나 '부정 선거 사건'으로 악화된 여론에서 자신을 지켜줄 세력을 확보하기 위한 얄팍한 계산이 아닐 수 없다. 그 어느 쪽이든 진정한 크리스트교도의 모습과는 거리가 먼 언행인데, 기독교교회에서는 때마다 그를 비호해줌으로써 보답했다.

그가 대통령이 되는 과정에서 교회의 지지 세력이 큰 몫을 했음은 부인하기 어려운 사실이고, 대통령이 된 뒤 그는 종교 갈등까지 일으켜가며 기독교를 편향적으로 옹호하며 대응했다. 그보다 더 나쁜 것은 소망교회 인맥에서 고위 공직자를 임명하려고 해, 그중 다수가 직을 받기도 전에 낙마했고, 임명된 자들도 능력을 보이기보다는 온갖 부정부패와 탈법에 연루되어 신문 지면을 장식하고 있다는 사실이다. 악으로 악을 덮으려는 듯 어떤 죄상을 먼저 밝혀야 할지 난감할 정도다. 이익에 의해 사람들의 편을 가르고, 자신의 편만이 옳다는 아집에서 비롯된 일들이다. 이 땅의 사람들이 지금보다 더 갈가리 분열되었던 적이 우리의 역사에 있었을까?

약 1,600년 전 게르만 민족의 미개의 동토에서 벌어졌던 일들을 지금 이곳에서 다시 목격해야한다는 것은 고통을 넘어 모멸감까지 안겨준다. 그렇지만 관여된 인물의 인간됨과 일의 진행 과정이 너무도 닮았기에 눈여겨보지 않을 수 없는 야만으로의 회귀다.

페트라르카의 등산기

르네상스 시대의 지적 업적을 하나
의 키워드로 표현한다면 '휴머니즘'이 가장 적절할 것이다. 역사 속의
거창한 용어들이 그렇듯, 이 단어에 대해서도 대여섯 개 정도의 해석
이 저마다 옳다고 경합하고 있는 실정이다. 휴머니즘은 중세 문명의
결실인가, 아니면 새로운 시대가 왔음을 알리는 전령이었는가? 휴머
니즘은 크리스트교에 대해 긍정적이었는가, 부정적이었는가? 휴머니
즘은 학자들만의 소산이었는가, 아니면 사회 구성원들 대다수가 관련
된 운동이었는가? 휴머니즘의 기원은 고전 고대인가, 아니면 교부철
학인가? 이런 쟁점들을 두고 학자들은 나름의 해석에 분분하다.

그렇다 할지라도 르네상스 시대 최고의 휴머니스트로 프란체스코
페트라르카를 꼽는다면 대부분이 긍정의 표시로 목을 끄덕일 것이
다. 페트라르카가, 아비뇽의 성당에서 먼발치로 봤던 '라우라'라는 여
인에게 바친 소네트가 가장 유명하다. 페트라르카는 여러 자녀를 둔

유부녀였던 라우라와 직접 만난 일은 없었던 것으로 여겨진다. 그는 '베아트리체'에 대한 단테의 연정과 비슷한 정신적 교감을 라우라에게서 느끼며 그것을 14행의 시로 표현했던 것이다. 그것은 훗날 셰익스피어의 소네트의 전범이 되었다. 그렇지만 사실 페트라르카는 학자와 문필가와 문헌 발굴자로서 업적이 한결 더 두드러진다.

한편, 페트라르카는 최초의 산악인이라 불리기도 한다. 그 이전에도 산에 오른 사람이 없었을까마는, 단지 광경을 보는 즐거움을 위해 산에 올라 그 기록을 남겼기에 그런 별칭으로 불리기도 한다. 1336년 4월 26일 페트라르카는 동생과 두 하인을 데리고 몽방투에 올랐고 그 등정기를 친구에게 편지로 보냈다. 산 이름의 어원에 대해서도 논란이 있지만 '바람 산' 정도로 이해해도 무리는 없을 것이다. 등산의 동행자로 누구를 택해야 산행의 즐거움을 망치지 않고 최대로 맛볼 수 있을지 고민을 하며 동생을 선택할 만큼 그는 이 여정에 기대가 컸다. 드디어 산에 오르면서도 페트라르카는 철학을 한다. 짧고 가파른 길을 피해 더 멀지만 평탄한 길을 택한 그는 오히려 더 큰 어려움에 빠져든다. 편한 길을 택하려는 과오를 저지른 탓에 더 어렵게 애써가며 더 큰 부담을 안고 정상을 향해 올라가야 한다는 것을 그는 깨달으며, 육신의 편안함을 추구했던 자신을 탓한다.

우여곡절 끝에 정상에 오른 그는 서쪽으로 프랑스와 에스파냐를 가르는 경계인 피레네 산맥을 바라본다. 그 산봉우리들은 가로막는 장애물이 없어도 인간 시각의 한계가 정해져 있기에 잘 보이지 않는다. 반면 그 오른쪽 리옹 주변의 야트막한 야산과 왼쪽 마르세유 만에 부서지는 지중해의 파도는 며칠 걸려야 도달할 거리에 있어도 잘 보

페트라르카와 몽방투 정상
르네상스 시대 최고의 휴머니스트이자
최초의 산악인으로 불리기도 한 페트라
르카는 1336년 몽방투에 오른 뒤, '스스
로에 대해 생각하지 않는 인간', '내면의
영혼을 돌보지 않는 사람들'의 모습을
깨닫는다.

인다. 론 강은 바로 눈 아래에서 흐르고 있다. 지상의 광경뿐 아니라 하늘도 바라보며 넋을 놓고 있던 그는 갑자기 어떤 경외심에 사로잡혀, 갖고 다니던 아우구스티누스의 『고백록』을 꺼냈다. 이 등산의 기록을 편지로 받게 될 친구가 예전에 선물로 주었던 책이다. 펼쳐진 책에는 이렇게 적혀 있다. "사람들은 높은 산과 바다의 거센 파도와 넓게 흐르는 강과 별들을 보며 놀라지만, 스스로에 대해서는 깊이 생각하지 않는다." 그는 놀라움에 얼굴을 붉히며 내려올 때까지 아무 말도 하지 않았다. "정신 이외에는 어느 것도 경탄할 것이 없다. 정신의 위대함에 비교하면 어느 것도 위대하지 않다"는 것을 세네카에게서도 배웠는데, 그것을 망각하다니. 자연이 아무리 경이롭다 하더라도 세속의 사물인데, 그보다 더 소중한 내면의 영혼을 돌보지 않은 것에 대한 부끄러움이었다.

이곳에선 무엇이든 해보지 않은 것이 없는 통수권자가 문제다. 그는 촛불집회를 보면서는 자신이 민주화운동의 1세대였다고 말했다. 올림픽대표팀을 만난 자리에서는 자신이 체육인임을 강조했다. 그는 노점상이었고, 철거민이었고, 비정규직이었다. 그래서 그들의 마음을 이해한다고 말하나, 사실상 그들은 가장 기본적인 인권을 유린당하면서 생존권마저 위협받고 있다. 수재민들 앞에서는 자신도 수재민이었다고 말하며 "기왕 이렇게 된 거 마음 편하게 먹으라"는 덕담을 늘어놨다. 그는 아세안의 모든 국가에서 일한 적이 있는 비즈니스맨이자, 환경미화원의 대부이기도 했다. 해병대의 문제가 불거지자 자신이 해병대가 있는 도시에서 자랐기 때문에 해병대에 대해서도 잘 안다며 해병대의 문제를 수습할 조언을 하기도 했다. 배도 만들어봐서 천안함이 그렇게 침몰할 수 있다는 사실도 알고 있다. '통큰치킨'이 문제가 되었을 때는 2주마다 치킨도 먹어봤다고 했다. 그는 원전 건설에도 참여했다. 그런 언행의 밑바닥에는 자신이 다른 사람들과 같은 일을 해봤기에 그들과 공감을 나눌 수 있음을 과시하려는 의도가 깔려 있을 것이다.

그렇게 서민들의 고충을 알 수 있는 일을 많이 해서 큰 경험을 갖고 있을 텐데, 그가 통치하는 나라에서 서민들의 삶은 왜 더 각박해지는 것일까? 서민들은 왜 그에게 공감하지 못하는 것일까? 어쩌면 그에게 결정적인 한 가지의 경험이 부족한 것은 아닐까? 그래서 하나만은 묻고 싶다. 내면의 영혼은 들여다보았을까?

황제의 꿈

유럽의 강력한 지배자들은 로마의 황제가 되기를 꿈 꿨다. 로마인과는 혈통이 다른 게르만족의 일파인 프랑크족의 왕이었 던 카롤루스 대제가 800년 크리스마스에 로마의 황제로 대관식을 거 행했던 일이나, 주로 독일의 왕들이 지배하여 거의 한 밀레니엄 동안 유지되었던 중부 유럽의 영토에 '신성로마제국'이라는 명칭을 붙였던 사실이 그것을 증명한다. 독일의 황제를 '카이저'라 부르고, 러시아의 황제를 '차르'라 칭하는 것도 로마와 관련이 있다. 그 명칭들은 로마 의 강력한 지배자가 되기를 원하다가 비운의 최후를 맞은 '카이사르 Caesar', 영어 발음으로는 '시저'의 이름에서 파생된 것이기 때문이다.

루이 나폴레옹 보나파르트도 로마의 황제가 되고 싶어 했다. 그러 나 그의 이유는 약간 달랐다. 두 번째로 실패한 쿠데타 이후 종신형을 받고 감옥에 있을 때 그는 글이나 논문을 써 세간의 관심을 끌었다. 그 당시 쓴 글에는 다음과 같은 구절이 있다. "나는 두 번째의 아우구스투스가 되고 싶다. 아우구스투스가 로마를 대리석의 도시로 만들었기 때문이다." 새로운 프랑스제국의 황제가 되고 싶은 루이 나폴레옹의 욕망을 읽을 수 있는 이 글에서 그는 파리를 로마와 버금가는 도시로 만들어 제국의 수도로 손색없는 도시로 만들려는 희망을 드러냈다. 실로 루이 나폴레옹은 1852년 나폴레옹 3세가 된 뒤 파리를 대리석의 도시로 재건하려는 꿈을 실현시켰다. 그가 건립한 프랑스 제2제국이라는 정치적 건조물은 너무도 허약하여 1870년 이후 되돌릴 길 없이 붕괴했지만, 그가 재건한 파리는 남아 현재 파리의 기본적인 골격을 보여준다.

나폴레옹 3세가 파리의 재건축을 맡긴 인물은 조르주외젠 오스만이라는 관료였다. 음악가이기도 했던 그는 지방 관료로 출발해 고속 승진을 하다가 1853년에 센 도(道)의 지사가 되어 파리의 재건을 맡게 되었다. 선임 지사인 장 자크 베르제는 그 공사가 국가의 재정에 끼칠 막대한 부담을 우려하여 꺼려했지만, 오스만은 기꺼이 그 일을 맡아 1870년까지 그 직책을 유지했다. 오스만은 파리의 표면을 전면적으로 바꿨다. 가로수와 가로등이 늘어선 넓은 길을 새로 만들고 다리를 놓고 오페라하우스와 공공건물들을 세웠다. 공원과 광장도 조성했고 외곽 지역은 파리에 편입시켰다. 표면만 바뀐 것이 아니었다. 상수도와 하수도도 정비하여 물 공급을 원활히 하면서 땅속에서도 시의 청결을 유지했다. 아직 에펠탑은 들어서지 않았고, 자동차가 아닌 마차가 도로를 채웠으며, 전기등이 아닌 가스등이 길을 밝혔지만, 1870년대에 이르면 파리는 오늘날의 모습을 거의 갖추게 된다.

한 마디로 중세의 도시가 근대의 도시로 바뀌었다. 오스만의 도시

 프랑스 파리의 그랑 아르메 대로(大路)
루이 나폴레옹 보나파르트는 새로운 프랑스 제국의 황제가 되고 싶다는
자신의 욕망과 파리를 로마와 버금가는 제국의 수도로 만들려는 자신의
희망을 실현했다. 사진은 오스만에 의한 파리 재건 때 만들어진 '그랑 아
르메 대로'로 개선문과 연결되어 있다.

재건은 파리에만 흔적을 남긴 것이 아니었다. 바로 이 시기에 리옹, 마르세유, 툴루즈, 루앙, 아비뇽, 몽펠리에 같은 프랑스의 도시도 파리를 본떠 번잡한 옛 구역에 큰 길을 뚫었다. 프랑스를 넘어 벨기에의 브뤼셀에도 가로수가 줄 지어 서 있는 탁 트인 도로가 건설되었다. 로마, 스톡홀름, 바르셀로나, 마드리드, 모스크바에서도 1870년 이후 반 세기가 지나기 전에 나폴레옹 3세와 오스만의 영향력이 느껴지는 도시 계획이 있었다. 대서양을 건너 멕시코시티에서도 막시밀리안 황제는 신작로를 만들었고, 미국에서도 워싱턴과 필라델피아와 시카고의 도시 설계자들이 파리의 재건 계획을 참고했다. 한마디로 오스만의 '파리 재건 사업'은 그 진가를 인정받았던 것이다.

그렇다고 비판이 없었던 것은 아니다. 광장을 중심에 둔 방사선 모양으로 넓은 길을 만든 목적 중 하나는 바리케이드를 쌓지 못하게 하는 한편 진압 부대를 신속하게 투입하여 시위대를 쉽게 저지하려는 것이었다. 실제로 1871년에 파리 코뮌이 신속하게 진압된 것은 바로 그 목적이 실현된 것이었다. 또한 무모하게 예산을 낭비하며 옛 파리를 파괴시켜 과거의 그윽한 정취를 없앴다는 비판도 있었다. 과도한 예산 낭비에 대한 비판이 궁극적으로 자신의 인기를 떨어뜨릴까 두려워한 나폴레옹 3세는 1870년 1월 오스만을 해임했다. 어쨌든 그 사이에 빈민굴은 파괴되어 부르주아의 아파트로 바뀌었다. 도시 계획에 의해 가장 큰 피해를 본 사람들은 그곳에서 쫓겨난 빈곤층이었다.

요즈음 서울시에서는 '디자인 서울', '한강 르네상스' 등의 명목으로 수도 서울을 명품 도시로 만들고 한강을 시민들에게 돌려준다는 사업이 한창이다. 그러나 그 사업들이 외양만 그럴듯하게 포장한 속

빈 강정이라는 것은 지난해에 내린 단 한 차례의 폭우로 광화문 광장이 호수로 바뀌었다는 사실이 웅변한다. 배수 시설조차 정비하지 않고 겉모양만 번드레하게 만들어 화를 자초한 것이야말로 인기에 영합하려는 파퓰리즘과 다를 바 없다. 이름뿐인 '르네상스', 즉 '문예부흥'이 아니라 오늘날까지 파리의 오폐물을 훌륭하게 처리하는 150년 전 파리의 재건 계획을 실제로 부활시키려는 생각이 있었다면 그런 미개국의 모습은 보이지 않았으리라. 서울 시장은 행정의 자질이 부족함을 보였다.

그런데 그렇게 화려한 사업의 뒤안길에는 용산 참사가 있었다. 평범하고 소박하게 살아가려던 사람들이 삶의 터전을 빼앗기게 되자 최소한의 생존을 위해 망루에 올랐다. 그리고 다섯 명이 불에 타 죽었다. 그런데도 법은 그들에게 사회부적응자, 범법자라는 올가미를 씌울 뿐, 애초에 뉴타운이라는 헛된 공약으로 원인을 제공한 전직 시장들에게는 책임을 지우지 않고 있다. 대권을 노린다는 전직 시장으로서는 강남 부유층의 지지를 기반으로 시장에 당선된 경력이 있어, 서민들의 고충을 도외시하더라도 표를 몰아줄 세력이 있다는 확신에서 그렇게 행동하는지 모르겠다. 그러나 무릇 그것은 정치가로서 전혀 떠올리지도 말아야 할 그릇된 생각이다. 정치가란 빈부의 차이를 떠나 모두가 조화롭게 살아갈 사회를 만들어야 한다는 대의를 먼저 생각하는 사람이어야 하지 않는가?

통 큰 인간

에드워드 톰슨은 영국의 역사가이자 평화운동가였다. 그는 영국 공산당의 핵심적인 지식인이기도 했다. 크리스토퍼 힐, 에릭 홉스봄, 로드니 힐튼, 조르주 뤼데, 모리스 돕 등 서양사 전공자에게 큰 무게로 다가오는 역사가들과 함께 '공산당 역사가 집단'을 만들었던 그는 1956년 소련의 헝가리 침공에 항의해 영국 공산당을 탈퇴했다. 그는 스탈린주의에 대한 반역이야말로 혁명적 전망에 대한 자신감을 회복하려는 공산주의자들의 전제조건이라고 주장했다. 그럼에도 그는 마르크스주의 전통에 충실한 역사가로 남아 있었다. 그의 대표작은 1963년에 출간된 『영국 노동 계급의 형성』이다. 18세기 말부터 19세기까지 영국의 급진적인 노동운동의 역사를 서술한 그 저작은 정통 마르크스주의 노선을 따르고 있는 것인지 논쟁을 불러일으키기도 했지만, 노동사에 관해 정전의 위치를 차지하고 있다는 것이 학계의 정설이다.

◠〜 에드워드 톰슨

톰슨은 영국의 역사가이자 평화운
동가였으며 영국 공산당의 핵심적
인 지식인이기도 했다. 그의 대표작
인 『영국 노동계급의 형성』은 18세
기 말부터 19세기까지 영국의 급진
적인 노동운동의 역사를 서술한 것
으로, 노동사에 관해 정전의 위치를
차지하고 있다.

　그는 학자로서뿐 아니라 실천적 지식인으로도 사회에 대한 책무를
다했다. 그는 영국에서 1950년대에 신좌파운동의 핵심 인물이었다.
상아탑의 상업화가 심해지고, '기업의 요구에 맞춰 재단'하는 것에 항
의해 워릭 대학교를 사직하기도 했다. 그 경험은 1971년『워릭 대학
교 회사』라는 책으로 엮어냈다. 이후 미국의 대학교에서 초빙 교수로
강의를 하기도 했지만, 그는 주로 자유기고가로 활동했다. 1970년대
에는 자신이 지지했던 노동당 정부의 인권 탄압 문제에 대해서도 비
판을 아끼지 않았다. 이 시기에 쓴 글들은『촛불 곁에서 글쓰기』라는
제목으로 출판되었다. 1980년대에는 1950년대부터 유럽에서 해오던

핵무기 반대 운동을 부활시켜 주도한 대표적인 지식인이었다. 그는 19세기 영국의 직물 디자이너이자 사회주의자였던 윌리엄 모리스와 시인 윌리엄 블레이크에 대한 평전을 쓰기도 했고, 소설과 시집을 내기도 했다.

　학계에 큰 영향을 끼친 그의 논문 중에 「18세기 영국 군중의 도덕 경제」라는 것이 있다. 도덕 경제란 생존과 직결되는 곡물의 생산과 수확, 그리고 곡식과 빵의 유통은 공동체 전체의 동의를 받을 수 있는 방식으로 조절되어야 한다는 것이다. 그것은 수요와 공급의 법칙이라는 냉정하고 비인간적인 함수관계가 아니라, 정의와 선의와 공정성에 의존하는 경제를 말한다. 즉, 궁핍한 시기에 어느 누군가가 곡물이나 빵을 독점하여 수요가 가장 큰 지역에서 큰 이윤을 취하려고 도덕적으로 공정하지 못한 가격에 팔려고 한다면, 그에 항거하여 폭력적인 집단행동을 하는 것이 정당화될 수 있다는 것이다. 폭동을 일으킨 자들은 스스로 정부 관리의 역할을 떠맡아 곡식을 '정당한' 가격에 팔았다. 전통적인 도덕 경제를 실행에 옮긴 것이다. 이러한 군중의 폭동이 즉각적인 성공으로 이어지진 않았더라도, 지배층은 그들의 요구를 받아들여 물가를 조정함으로써 폭력을 방지하려 하였다는 것이 톰슨의 논지다.

　여기에선 이상한 방식으로 도덕 경제를 위배하려는 움직임이 벌어진다. 피자와 치킨을 싼 값에 제공해 매장 전체의 매출을 올리려는 상행위가 논란이 된다. 돈을 완전히 장악해야지만 만족할 통 큰 인간들이다. '통큰치킨'은 여론에 밀려 사라졌지만, 피자는 여전히 그렇게 판매되고 있다. 이런 상술이 가능한 이유는 그나마 값싸게라도 피자나 치킨을 먹어보려고 하는 사람들이 있기 때문이다. 목전의 작은 이익에 눈이 멀어 독점의 폐해가 어떻게 더 큰 독이 되어 돌아올지 모를 일인데, 권력이든 돈이든 힘을 가진 사람들은 그런 방식으로 자신들의 상대방을 분산시켜 스스로 싸우게 만든다. 인심이 넉넉하고 후하다는 의미로 쓰였던 '통이 크다'는 말이 이제는 기만적인 상술을 가리키는 나쁜 함의를 갖게 된 것 같아 한글 보호의 차원에서도 무슨 조치가 있어야 할 것 같다.

그런 상술을 시행하는 사람들은 좋은 제품을 값싸게 제공하는데 무슨 문제가 있느냐고 항변한다. 문제는 주변 군소상인들의 생존권을 위협하면서 자신들의 이윤만을 추구하고, 그것을 겉으로만 멋진 이름으로 포장한다는 데 있다. '통큰치킨'을 주도한 롯데 재벌의 부도덕성은 여지없이 드러나고 있다. 그들은 공군의 반대를 무릅쓰고 정부와 한통속이 되어 103층짜리 건물의 건축을 승인받았다. 국가 방위라는 고귀하고 중차대한 명분보다 이윤 추구를 앞세운 재벌이나 그것을 승인한 정부나 한심하기는 마찬가지다. 명예를 지키려는 군인들의 목소리는 어디론가 묻혀버렸다.

그뿐이 아니다. 2011년 5월 잠실의 롯데월드에서는 길게는 24년 동안 계약을 맺고 상점을 운영해왔던 상인들을 길거리로 내몰았다. 자신들이 직영을 하여 이윤을 극대화하자는 것이 목적이다. '제소전화해'라는 것을 신청하지 않으면 임대차 계약을 맺지 않겠다고 하여 어쩔 수 없이 그것을 신청하게 만든 뒤, 그것을 근거로 무조건적으로 나가라고 밀어붙이고 있는 것이다. 2000년 잠실 주변 재개발이 일어났을 때, 2006년 롯데월드 놀이기구 사망 사건이 일어났을 때, 그리하여 매출이 격감했을 때 나가지 말아달라고 애원했던 롯데월드에서 이제 상권이 활성화되니 그 비정한 계약서를 근거로 그 상인들을 내쫓고 있다.

부도덕성이라는 야만의 한 특징은 잔꾀가 많다는 것이다. 이 사건이 보도되고 문제가 커질 조짐이 보이자, 롯데월드에서는 롯데월드 자유이용권을 반값으로 할인한다는 행사를 기획했다. 문제는 그런 잔꾀가 먹혀든다는 데 있다. 분별없는 젊은이들의 열렬한 호응을 얻어가며 그 행사가 진행되었다. 그리고 6월에는 다른 행사가 벌어졌다. 6월 "호국 보훈의 달 롯데월드가 쏜다"며 군인, 경찰, 소방 및 보훈 가족에게 자유이용권 50퍼센트 할인 행사를 벌이고 있다고 매체에서 선전을 해줬다. 미국의 군사전문가까지도 서울시의 방위를 어렵게 만든다고 경고한 103층 건물을 세우려는 그들이 호국보훈을 한다고? 젊은이들이여, 정신 차려라. 조삼모사의 속임수에 넘어가는 원숭이가 되지 않으려면.

회의는 춤춘다

　　　　　　1799년 이집트 원정을 떠났던 나폴레옹 보나파르트는 악화된 국내 정국의 수습을 이유로 서둘러 귀국하여 쿠데타를 일으키고 집정관이 되었다. 공식적인 프랑스혁명은 그 시점에서 끝났다고 보아도 무방할 것이다. 유럽의 제왕들은 루이 16세를 단두대로 보낸 프랑스혁명의 과격한 '무질서'를 두려워했다. 그렇다면 그들은 프랑스혁명을 종식시킨 나폴레옹을 환영했을까? 아니, 오히려 그들은 나폴레옹을 두려워했다. 자국의 군대와 맞붙을 나폴레옹의 용맹과 전략 때문만이 아니었다. 그들은 프랑스혁명의 이념이 나폴레옹의 진군을 따라 자신의 국가로 번질 때 파생될 결과를 우려했다.

　　프랑스혁명의 3대 구호는 자유, 평등, 박애였다. 자유란 인간이 스스로의 의사 결정에 의해 행동할 수 있는 권리를 말한다. 평등이란 국왕이든 백성이든 신분이나 재산에 상관없이 누구나 법 앞에 동등해야 한다는 주장이다. 그러니 자유와 평등의 의식이 확산되면 백성들

〈클레멘스 폰 메테르니히〉(토머스 로렌스, 1825년)
빈 회의는 나폴레옹 패배 이후 유럽의 세력 균형을 새롭게
확립한다는 목적을 표방했지만, 중요한 사항은 이면에서 음
모와 비밀회의를 통해 결정되었다. 자유와 평등의 원리를 말
살하려는 음모의 주인공이 메테르니히였고, 각국의 대표는
자국의 낡은 기득권을 챙기기에 바빴다.

의 절대적인 복종에 의해 유지되는 절대왕정의 유지가 어려워질 것이 확실하다. 한편 박애란 '형제애' 또는 '동포애'라는 용어로 대체할 수 있는 것으로, 한 동포가 국민으로서 일체감을 가지며 자존해야 한다는 의식과 상통한다. 민족주의 정신이 널리 퍼진다면 약소국들마다 자신의 자유로운 의지에 따라 평등하게 독립을 원할 것이기에, 그들을 지배하던 강력한 제국의 위상이 흔들릴 가능성이 있었다.

따라서 유럽의 열강은 여러 차례 동맹을 맺어 결국 나폴레옹의 프랑스를 패배시켰다. 그 뒤 각국의 지도자들이 했던 일은 유럽의 정치적 상황을 프랑스혁명 이전으로 되돌려놓은 것이었다. 그 일이 빈 회의에서 이루어졌다. 역사상 최초로 유럽 대륙의 차원에서 국가의 대표들이 회합했다는 의미도 갖는 빈 회의의 기조는 단연 복고주의였다. 1814년 9월부터 1815년 6월까지 열린 그 회의는 오스트리아의 재상 메테르니히가 주재했다. 200이 넘는 유럽의 거의 모든 국가와 왕실뿐 아니라 도시와 종교단체와 이익단체에서도 대표단을 파견한 회의는 호화롭게 진행되었다.

그러나 빈 회의의 가장 큰 특징은 회의가 제대로 열리지 않았다는 것이다. 모든 대표단이 함께 만나 회의가 진행된 적은 한 번도 없었다. 나폴레옹 패배 이후 유럽의 세력 균형을 새롭게 확립한다는 목적을 표방했지만, 중요한 사항은 이면에서 음모와 비밀회의를 통해 결정되었다. 자유와 평등의 원리를 말살하려는 음모의 주인공이 메테르니히였고, 각국의 대표는 자국의 낡은 기득권을 챙기기에 바빴다. 시인 하인리히 하이네는 "유럽 전체가 세인트헬레나가 되었고 / 메테르니히는 그곳의 허드슨 로였다"라고 간파했다. 나폴레옹이 유배된 곳

～ 〈빈 회의〉(J.B. 이사베이, 1819년)
가장 좌측에 있는 인물이 웰링턴 전투에서 잉글랜드
군을 이끈 아서 웰링턴이며, 좌측에서 여섯 번째 서
있는 인물이 빈 회의를 주도한 메테르니히이다.

이 세인트헬레나 섬이고 그곳의 간수가 허드슨 로였으니, 메테르니히
가 가장 두려워하던 것이 누구이고 무엇이었는지를 확연하게 드러내
는 조롱이었다. 빈에서는 공식적인 회의보다는 화려한 연회, 무도회,
음악회, 사냥 모임이 주류를 이뤘다. 그리하여 "회의는 춤춘다. 그러
나 진전은 조금도 없다"는 말이 나돌 정도였다.

2010년 11월 서울. 이곳에서는 'G20'이라는 선진국들의 정상회의
가 빈 회의 못지않게 화려하게 개최되었다. 그러나 두 회의 사이의 유

사성은 회의가 거창하게 거행되었다는 것, 실질적인 내용은 이미 막후에서 강대국들 사이에서 조정되었다는 것 정도에서 그칠 뿐, G20은 거의 200년 전의 빈의 선례보다 드러나고 숨겨진 야만을 훨씬 더 많이 보여준다. 정부에서는 회의의 유치 자체가 국가의 품격을 드높인 업적이며, 이 성과를 계기로 더욱 발전할 수 있는 기회로 만들어야 한다고 열심히 홍보했다. 그러나 실상 선진국들의 배타적인 공조 체제를 유지하기 위한 이 모임을 시민단체에서 격렬하게 저항하자 그 선진국들 중에서도 선진국은 유치를 꺼려한다. 단지 순번이 돌아와 우리가 개최하게 된 것을 성과로 내세우며 검증될 수도 없는 그 막대한 경제적 파급 효과를 과도하게 자찬하는 정부의 행태에 외국의 언론도 조롱을 보냈다. 블룸버그 통신의 기사 첫머리는 이렇다. "서울시의 관리들은 이번 주에 도로 청소를 위해 책상을 떠났고, 일곱 살배기 어린이는 경제학을 배운다."

더 나쁜 야만은 이 외교적 행사를 국내 홍보용으로 만들려다 보니 비판이나 반대의 목소리에는 철저하게 재갈을 물린 것이다. 언론은 이 행사의 중요성을 과장하기에 급급했고, 동원된 4만 명의 경찰은 반대 시위를 막고, 노점상을 단속하며 그들의 생존권을 위협했다. 넓게 본다면 민주주의와 시민들의 권리가 위협받았다. 홍보 포스터를 패러디하여 쥐가 청사초롱을 들도록 만든 화가에게 벌금형이 내려졌다. G20의 'G'를 '쥐'로 표현했다는 화가의 말에도 불구하고, 실형을 구형한 검사와 벌금형을 내린 판사에게 '쥐'는 다른 무엇인가를 뜻하고 있었음이 확실하다. 화가보다 그들의 상상력이 더 풍부한 것일까? 그렇지는 않을 텐데……. 자신들 머릿속의 '쥐'에 기대어 기득권을 유지하려는 자들의 옹졸함이 보일 뿐이다.

　애초에 빈 회의와 G20을 비교한다는 것이 무리였을지 모른다. 어쨌든 빈 회의는 제1차 세계대전이 터질 때까지 유럽의 세력 균형을 유지하며 전쟁이 없는 한 세기를 이끌었다. 메테르니히는 외교적으로는 혁명의 운동을 저지하기 위해 총력을 기울였지만, 국내 문제에서는 오스트리아 정부 체제에 내재하는 권력 남용이나 부패의 요인까지 인식하지 못할 정도로 우둔하지는 않았다. 그는 오스트리아제국 내부의 다양한 민족들에게 평등한 권리와 기회를 가질 수 있도록 배려했다. 국내 홍보를 위해 외교를 이용한 G20은 태산이 요동을 쳤으나 알고 보니 쥐 한 마리였다는 옛말에나 어울릴 에피소드이며, 그에 맞장구쳐 비판의 요인을 볼 능력도 여유도 갖추지 못한 채 '국격'을 외국의 비웃음거리로 만든 관리나 판검사의 인식 수준은 지성의 결핍이라고 표현할 수밖에 없다.

　이곳에서 회의는 춤도 못 춘다.

윤무

어떤 작가의 작품이든 섬세한 감수성을 갖고 읽어야 묘미를 느낄 수 있다는 것은 확실하다. 그런데 대다수 작가의 경우 대강 읽어도 이해할 수는 있다. 하지만 그렇게 읽는다면 묘미는커녕 오해와 불신을 사게 될 작가도 있다. 세기말 빈의 아르투어 슈니츨러가 그런 사람이다. 동시대의 동향인, 프로이트가 '우리들의 진정한 동료'라고 인정했을 정도로 슈니츨러의 소설과 희곡은 인간의 미묘한 심리를 예리하게 파고든다. 그래서 그의 작품은 섬세하게 읽어야 한다.

그의 희곡 중에 『윤무輪舞』라는 작품이 있다. 그 작품이 대중에 수용된 과정은 문학사에서 대단히 유명한 일화다. 1896년에서 1897년에 걸친 겨울에 이 희곡을 완성시킨 슈니츨러는 많은 주저 끝에 200부만을 친구들 사이에서 은밀하게 유포했다. 1903년에야 그는 일반 독자들이 읽을 수 있도록 출판을 허락했지만, 이 희곡의 무대 공연에 동의하기까지는 17년이라는 세월이 더 흘러야 했다. 슈니츨러는 이 작품

아르투어 슈니츨러

슈니츨러의 『윤무』는 외설의 영역에 위험스럽게 다가가 있지
만, 각 대사에 보이는 대단한 섬세함, 민감한 필치, 해학, 그
리고 확실한 심리 묘사가 이 과감한 작품을 천박함으로부터
구해주었다.

이 초래하게 될 문제점들을 스스로 예견하고 있었기 때문에 그렇게 주저했다. 그리고 실망스럽게도 그의 예견이 실현되었다.『윤무』는 스캔들이 되었으며 그 첫 무대 공연이 끝나자 재판이 벌어졌다.

스캔들을 야기했던 명백한 이유 중 하나는 이 희곡이 '섹스', 즉 성행위를 무대의 전면에 내세웠다는 것이다. 요컨대 열 개의 장으로 구성된『윤무』는 각 장마다 한 명의 남자와 한 명의 여자가 등장해 서로 사랑을 하지도 않으면서 사랑의 행위를 벌인다. 그리고 한 장에 등장한 남자나 여자는 다음 장에 다시 등장해 반대 성의 다른 사람과 성행위를 갖는다. 마지막 장에 나오는 남자는 첫 장에 나왔던 여자와 같은 방을 사용하여 순환을 이루기에 제목이『윤무』다. 확실히 이것은 많은 사람들에게 부도덕한 것으로 보였을 것이다.

그렇지만 이상하리만치 그 대본에서는 어떤 음란한 단어도 찾을 수 없다. 한 비평가가 지적하듯 "이 작품의 뛰어난 성격은 우아하고 읽기 쉬운 문체이며, 작품 전체에 단 하나의 거부감이 가는 단어도 없다는 사실이다."『윤무』의 위대성 중 하나는 전통적으로 기술할 수 없었던 것을 기술하면서 슈니츨러가 보여주었던 정교한 예술성에 있었다.『윤무』는 외설의 영역에 위험스럽게 다가가 있지만, 각 대사에 보이는 슈니츨러의 대단한 섬세함, 민감한 필치, 해학, 그리고 확실한 심리 묘사가 이 과감한 작품을 천박함으로부터 구해주었다.

그럼에도 이 작품이 재판에 회부되었던 이유는 슈니츨러가 전달하려던 취지가 아니라 성행위 자체를 무대에 올렸다는 사실이었다.『윤무』의 첫 무대 공연에 뒤따랐던 재판 과정에서 슈니츨러는 다음과 같이 신랄하고 냉소적으로 증언했다. "윤무는 평범한 연극이다. 그 대사는 25년보다도 더 이전에 썼다. 나의 이 연극이 사람들에게 잊힐지라도 베를린 재판의 기록은 살아남을 것이다. 이 재판의 증언 속기록은 우리 시대에 대한 가장 멋들어진 풍자다. 그 훌륭한 문서에 등장한 네다섯 인물들은 최고의 풍자가라도 작품 속에서 창조해내거나, 더 위선적인 인물로 묘사할 수 없을 정도로 위선의 전형이다.”

어쨌든 성행위를 무대의 중앙에 위치시킴으로써 슈니츨러는 도덕의 문제를 전면에 내세웠다. 오늘날『윤무』의 열 개의 대화는 성 개방의 찬미가 아니라 타락한 사회에 사랑이 없음을 개탄하는 작품으로 이해되고 있다는 사실은 역사의 아이러니다. 그리고 그것은 이 작품에 대한 재판관들의 이해가 얼마나 시대에 뒤떨어진 것인지를 보여주기도 한다. 빈 사회의 전반적인 위선을 노출시킨 이 작품은 언어를 통한 소통의 불완전성이나 시간에 쫓기는 현대인의 모습을 정교하게 그린 작품으로 해석되기도 한다. 또한『윤무』는 도덕성의 이완에 대한 경고로서, 혹은 사라진 낭만의 세계에 대한 애도의 작품으로 읽힐 수 있다. 그렇게 다양하게 읽힐 수 있을 정도로 이 작품은 정교하게 구성된 것이다.

성과 관련된 위선의 전형은 이 땅에 넘쳐나도록 풍부하다. 대통령부터가 “못 생긴 마사지 걸을 불러야 서비스가 좋다”고 친절하게 알려주는 나라에서 여당의 원내 대표가 룸살롱에서 ‘자연산’ 미인을 찾는 것은 지극히 자연스러운 일일 뿐이다. 국회의원이 여기자의 가슴을 만지고 술집 주인인줄 알았다고 변명하는 사회에서 다른 국회의원이 화끈한 대구의 밤 문화를 거론하거나, 또 다른 국회의원이 남자는 다 똑같다며 대통령의 남성성을 옹호하고, 아나운서가 되려고 하면 다 줘야 한다고 대학생들에게 세상 살아갈 방법에 대해 충고한들 그리 어색한 일이 아니다. 윗물이 맑아야 아랫물도 맑을 텐데, 성과 관련된 산업(?)이 기승을 부린다. 원조교제 정도는 문제도 되지 않아 그것이 범죄와 연관되어야만 기사화될 정도의 광경도 낯설지 않다.

검찰의 성상납 문제가 구체적인 정황 증거와 함께 제기되어 검찰의 구조가 개혁될 계기가 되지 않을까 기대했으나, 용두사미 격으로 마무리되었다. 비리에서 자유롭지 못한 그들이 엄격한 잣대를 들이대며 음란성을 이유로 장정일 같은 작가의 작품을 기소한 일이 있었고, 법원에서는 유죄의 판결을 내렸다. 오묘한 작품의 세계를 이해할 능력도, 판단을 내릴 도덕적 요건도 갖추지 못한 그들이 자유로운 발상의 창의력에 차꼬를 채운 것이다. 위선의 전형이 윤무를 추듯 돌고 돌아 이곳에 정착했을까? 반드시 떠나보내고 싶은 야만이다.

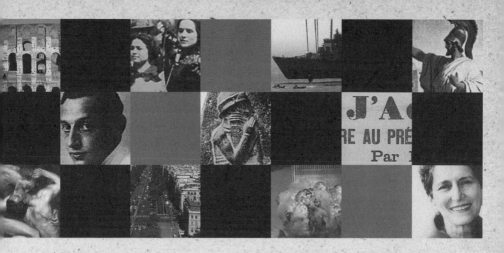

제3장

강압

아테네 파멸의 전말

페르시아 전쟁의 승리로 그리스의 맹주가 된 아테네는 혈맹 도시국가들을 동료로 대하지 않고 그들 위에 군림하려 하다가 결국 그리스의 분열을 초래하게 되었다. 그것은 그리스의 거의 모든 도시국가가 관여한 펠로폰네소스 전쟁으로 귀결되었다. 아테네는 그 전쟁에서 스파르타에게 패하며 몰락했고, 끝내 그 내분은 전체 국력을 약화시켜 그리스가 마케도니아에 종속당하는 결말로 이어졌다. 투키디데스는 영광된 아테네가 파멸에 이르게 된 전말을 몇 가지 전투에 대한 묘사를 통해 감동적으로 전달한다.

전략적으로 중요한 한 섬에서 아테네에 대한 반란이 일어났다. 아테네인들은 반란을 진압하기 위해 함대를 파견했는데, 진압이 끝나면 그 섬의 주민들을 어떻게 처리해야 할지 투표로 결정하기로 했다. 인기에 영합하던 한 정치가가 동정심이나 공정심과 같은 제국의 적에 의해 흔들리지 말고 투표하라는 연설을 했다. 그 연설 탓인지 그들은 그 섬의 남성은 모두 죽이고 아녀자들은 노예로 만든다는 안건을 통과시켰다. 그러나 아테네 사람들은 곧바로 정신을 차렸다. 그들은 명령을 수행하기 위해 보냈던 배를 따라가기 위해 또 다른 배를 파견했다. 선원들은 식사를 하는 순간에도 노를 놓지 않고 저어가 결국 따라잡은 뒤 첫 명령을 취소한다고 통보하여, 마침내 그 섬은 참화를 피할 수 있었다.

　7년 뒤에 일어난 비슷한 상황의 두 번째 이야기는 달랐다. 밀로스라는 작은 섬 주민들은 아테네와 스파르타 사이에서 중립국으로 남기를 원했다. 그러나 아테네는 밀로스가 자기편에 설 것을 강요했다. 에우리피데스의 극 중에서 아테네의 왕 테세우스는 괴롭힘을 당하는 사람들 편에 서서 하늘의 법을 파괴하는 자들을 억압하는 것을 자신의 의무로 받아들였다. 그렇게 정의롭던 아테네 사람들이 그 사이에 동정심이나 공정한 정신을 잃어버렸다. 밀로스가 아테네에 피해를 입힌 적이 없으며, 아테네가 밀로스와 전쟁을 벌인다면 정의에 어긋나는 것이라는 말에 아테네의 대사가 대답했다. "정의는 양쪽이 동등할 때 얻을 수 있는 것. 힘센 자는 취할 수 있는 것을 취하고, 약한 자는 주어야만 하는 것을 주는 것일 뿐." 밀로스 사람들이 항변했다. "당신들은 정의를 무시하고 있소. 정의를 지켜야 당신들에게도 도움이 될 것이오. 언젠가 패배할 일이 생긴다면 당신들은 정의에 호소하지 못할 것이기 때문에." 그러나 아테네 대사는 계속 복종을 강요한 한편, 밀로스는 친구로서 동맹으로서 남아 있겠다는 주장을 펼쳤다. 그에 대해 아테네의 대사는 "우리는 당신들의 우정을 바라지 않아. 우정이란 우리의 나약함의 증거인 반면, 당신들의 증오는 우리의 힘의 증거

일 뿐"이라고 냉랭하게 말하며, 이렇게 이야기를 마무리했다. "이 오랜 논쟁 동안 당신들은 실용적인 사람이라면 사용할 논지를 단 하나도 제시하지 않았다는 사실을 상기시켜주겠소."

밀로스 사람들은 실용적이지 못해서 싸웠다. 그리고 쉽게 정복되었다. 성인 남자들은 모두 죽었고, 아녀자들은 노예가 되었다. 아테네는 추악한 사실에 대해 멋진 언어를 사용했는데, 그 이유는 실제로 그 추악한 사실들이 그들에겐 더는 추악한 것으로 비쳐지지 않았기 때문이었다. 투키디데스가 말하는 바에 따르면 악이 마치 덕인 것으로 여겨지기에 이른 것이다. 단어의 의미 자체가 바뀌었다. 기만이 사려 깊음으로, 냉혹함이 용기로, 충성과 절제와 관용은 나약함의 증거로 받아들여졌다. "고귀한 기품의 중요 요인인 선한 의지는 조롱을 받고 추방되었다. 모든 사람이 다른 사람을 믿지 않았다." 그것이 권력에 대한 탐욕이 아테네 사람들에게 가져다준 결과였다.

얼마 뒤 아테네 사람들은 시칠리아 원정에서 뼈저린 패배를 맛봤다. 그 원정을 수행하기에는 너무도 그릇이 작은 사람에 의해 주도되었다. 그들은 시칠리아 사람들을 과소평가했지만, 뒤늦게야 그것을 깨달았다. 아테네 사람들은 자신의 해군력만을 믿었으나 결국 해전에서도 시칠리아의 전략에 농락당하며 완벽하게 패배했다. 군인들은 식량도 없이, 아무런 대책도 없이 뭍으로 퇴각했다. 며칠을 그렇게 행군하면서 굶주리고 목마른 이들은 분열되었다. 최후의 장면은 강둑에서 벌어졌다. 갈증에 목이 탄 아테네 군인들은 적이 길목을 지키고 있는 것도 모른 채, 알더라도 상관하지 않은 채 물가로 달려갔다. 곧 강물은 핏물이 되었지만, 아테네 병사들은 여전히 앞 다퉈 물로 달려가며 그 물을 마시면서 죽어갔다. 살아남은 자들은 노예가 되었다. 그들 대다수는 시라쿠사 근처의 채석장에 인부로 끌려갔다. 그곳에서는 또 다른 고문이 필요하지 않을 정도로 자연 자체가 고문이었다. 낮의 끔찍한 더위와 밤의 참혹한 추위에 살아남은 자들이 별로 없었다. 투키디데스가 그들의 비문에 이렇게 썼다. "인간이 할 수 있었던 일을 했던 그들은 인간이 겪어야만 했던 일을 겪었다."

투키디데스의 이야기는 여기에서 그친다. 지금 우리에겐 이것과 너무나도 유사한 상황이 벌어진다. 약자에 대한 배려나 관용이 없이 힘을 갖고 있다고 그것을 강제시키는 공권력, 탐욕에 물든 그릇이 작은 지도자, 행정권을 갖고 있다고 그것을 개인의 권력으로 행사하려는 그와 그 주변에 기생하는 인물들, 언어와 역사의 본질을 바꾸어 놓으려고 얕은 말장난으로 호도하는 군상, 그리고 그들을 뽑은 사람들에게 주어지는 가혹한 운명이 그것이다. 그 어느 하나 다를 것이 없다. 그렇지만 나는 힘을 가진 아테네 사람들의 위협보다, 힘이 없어도 거기에 대항한 밀로스 사람들의 용기에 희망을 갖듯, 건실한 삶을 살아가는 사회적 약자들의 연대에 더 큰 힘을 얻는다. 그들이야말로 어떻게 사는 것이 인간적인 삶인지 알고 있으며, 선거는 다시 돌아올 것이기 때문에.

죽은 자는 말이 없다

기원전 6세기 중엽부터 페르시아제국은 이오니아 지방, 즉 오늘날 터키 서남쪽 해안 지역을 점령하여 강압적으로 다스렸다. 5세기 말에 그곳의 밀레투스라는 도시를 중심으로 페르시아에 저항하는 운동이 일어나자 그리스의 아테네는 전함 20척을 파견해 반란을 지원했다. 반란은 완전히 진압되었지만, 페르시아의 다리우스 1세는 그리스 본토를 공격할 계획을 세웠다. 그것이 대략 반세기 동안 진행될 그리스와 페르시아 사이의 전쟁의 시발점이었다. 군대의 규모로 보아 그리스는 도저히 페르시아의 상대가 될 수 없는 것으로 보였지만, 궁극적인 승리는 그리스가 거두었다. 이 전쟁의 기록을 남긴 헤로도토스는 그리스 승리의 원인으로 자유민인 그리스 병사들의 투혼을 전제군주의 노예인 페르시아 군대가 감당할 수 없었다는 사실을 꼽았다. 그것은 아직도 페르시아 전쟁에 대한 유력한 해석 중 하나다.

이 전쟁에서 그리스의 승리를 이끈 몇몇 전투는 동방의 전제주의로부터 서방의 민주주의를 수호한 계기로 미화되기도 했다. 마라톤 평원에서 페르시아 군대를 격파한 것을 기념해 마라톤 경기가 열리지만, 페르시아의 후예인 이란에서는 마라톤 경기를 하지 않는다. 300명의 스파르타 전사가 계곡에서 모두 전사해가면서 페르시아 군대를 지체시켜 최종적으로는 그리스의 승리를 가져오게 만든 테르모필레 전투는 〈300〉이라는 영화의 소재가 되었다. 테르모필레 전투 이후 페르시아가 그리스 대부분을 지배한 상황에서 전황을 역전시킨 계기가 살라미스 해전이다. 테미스토클레스는 나무 벽을 쌓으라는 델피 신전의 신탁을 군함을 건조하라는 의미로 받아들였다. 그리하여 해군을 강화시킨 테미스토클레스가 이끄는 아테네 주축의 그리스 연합 해군은 수적으로 우월했던 페르시아의 크세르크세스 대왕의 함대를 살라미스 해협으로 유인해 결정적인 승리를 거뒀다. 200척이 넘는 페르시아의 군함이 침몰하거나 나포되어 크세르크세스는 아시아로 회군할 수밖에 없었다. 이 승리가 페르시아 전쟁의 흐름을 바꿔놓은 전환점이었다.

헤로도토스는 이 해전의 막바지에 일어난 흥미로운 일화를 소개한다. 페르시아 연합군에는 아르테미시아라는 여장女將이 있었다. 사망한 남편의 뒤를 이어 이오니아 지방 카리아의 지배자가 된 아르테미시아는 크세르크세스 대왕의 총애를 받으며 다섯 척의 함선을 이끌고 전투에 참가했다. 전투에 참여한 유일한 여자 장군이었다. 교전이 벌어지고 페르시아의 함대가 대혼란에 빠진 뒤 그녀의 배는 적선에 쫓기게 되었다. 적선이 가까이 쫓아와 추격에서 벗어날 수 없어 위태

인양되는 천안함 선수(사진 제공: 연합뉴스)

2010년 3월 26일 서해의 백령도 부근에서 우리 해군의 초계함인 천안함이 침몰했다. 그해 5월 20일, 천안함의 침몰은 조선민주주의인민공화국의 어뢰 공격이 원인이라고 합동조사단이 공식적으로 발표했다. 하지만 아직까지 침몰의 원인을 놓고 논란은 지속되고 있다.

로운 지경에 처한 그녀는 우군인 칼린다의 왕이 타고 있던 배를 향해 맹렬히 돌진하여 그 배를 침몰시켰다.

　그 결과 아르테미시아는 생환했다. 쫓아오던 아테네의 전함이 적선을 침몰시킨 아르테미시아의 배가 우군이거나 페르시아에서 투항해 자신의 편에서 싸우는 것이라고 판단하여 추격을 거둔 것이다. 생환한 정도가 아니라 크세르크세스의 신임이 더욱 깊어졌다. 대왕은 그 현장을 목격하고 있었는데, 왕의 측근 하나가 아르테미시아가 적선을 격침시켰다고 보고했기 때문이었다. 대왕이 확실하냐고 묻자 그 측근은 자신이 아르테미시아 함선의 표지를 잘 알고 있고, 침몰한 배는 의심의 여지가 없이 적의 배였다고 확언했다. 헤로도토스는 그녀의 잘못을 증언할 칼린다 사람이 하나도 구조되지 못했다는 사실이 그 어느 것 못지않게 큰 행운이었다고 기록했다. 크세르크세스는 그녀를 칭찬하려고 이렇게 말했다고 전한다. "우리 군대의 남자는 모두 여자가 되었고, 여자는 남자가 되었구려."

　2010년 3월 26일 백령도 부근에서 대한민국 해군의 초계함인 천안함이 침몰했다. 합동조사단은 5월 20일 천안함이 조선민주주의인민공화국의 어뢰 공격으로 침몰한 것이라고 공식적으로 발표했다. 그렇다 하더라도 침몰의 원인을 놓고 논란은 지속된다. 잠수정의 크기, 1번이라고 쓴 글씨, 물기둥, 생존자들의 경미한 부상, 시신의 온전한 상태, 선체 안의 상태, 어뢰 파편, 흡착물, 기름 냄새 등의 사안을 놓고 합동조사단은 북한의 소행으로 단정했고, 재외과학자나 네티즌은 그렇게 단정할 수 없다고 반박하고 있다. 합동조사단의 설명에 더 납득이 가지 않는 이유는 이미 만들어진 답에 세부 사실을 꿰맞추느라 더 큰 모순을 드러내고 있기 때문일 것이다. 대개 거짓말을 가리려면 더 큰 거짓말이 필요한 법이다. 국민으로서는 이렇게 중요한 사건에 의문을 제기할 자유가 있고, 국가는 그 의문을 해소시켜줄 의무가 있다. 그런데 정당한 의문 제기를 국가 안보의 문제로 몰고 가면서 계속 말을 바꾸며 더 큰 의혹을 불러일으키는 것은 이 사건을 다른 목적으로 이용하려는 의도가 있음을 보여준다.

천안함 사건은 무방비상태에서 일어난 일이 아니다. 세계 최고의 레이더 시스템으로 최대 200여 개 목표를 동시에 탐지, 추적할 수 있고 그중 24개 목표를 동시에 공격할 수 있다는 이지스함이 세 대나 참가한 한미합동군사훈련 중에 일어났다. 그런 상황에서도 북한의 잠수함이 대잠수함 작전 능력을 가진 초계함을 침몰시키고 유유히 사라졌다면, 해군 사령관을 비롯한 천안함 사건 관계자들은 군법회의에 회부되어 징계를 받아 마땅하나 그런 일은 일어나지 않았다. 북한이 그런 군사적 능력을 보유하고 있다면, 남한의 해안초소는 모두가 불시의 공격을 받을 위험에 놓여 있다. 그런 상황이라면 정부는 4대강 사업 따위에 엄청난 예산을 투여할 게 아니라 국방 강화에 총력을 기울여야 할 것이나, 정부가 하는 일은 북한이 그 일을 주도했다는 것을 밝히려는 것에만 집중되어 있었다.

합동조사단의 발표가 있고 3주가 지난 6월 10일에 지방선거가 있었다. 발표를 그렇게 질질 끌었던 이유가 또 다시 안보 논리로 북풍을 기대했던 것이었다면 오산이었다. 지방선거는 여당의 참패로 끝났다. 죽은 자는 말이 없다. 그러나 생존자는 말할 수 있게 될 날을 기다린다. 진실이 밝혀질 그 날을.

어느 아나키스트의 죽음

오스트레일리아의 수도 멜버른
에는 야라 강이 흐른다. 야라 강둑에는 큰 공원이 있어 런던의 하이드
파크와 비슷한 기능을 한다. 많은 시위와 공연이 벌어지는 하이드파
크에서도 손꼽히는 명소는 누구나 자신의 주장을 공개적으로 주장하
거나 토론하는 것이 허용되는 '연설자의 코너'다. 그와 비슷하게 야라
강둑에 약 60센티미터 높이의 연단을 만들고 느릅나무 아래서 낡은
펠트 모자를 쓰고 근 60년에 걸쳐 핍박과 체포와 구금을 무릅쓰며 일
요일마다 노동자와 실업자를 위해 연설을 했던 인물이 있다. 존 윌리
엄 플레밍이라는 아나키스트였다. 누가 시켜서 한 일이 아니라 스스
로에게 부과했던 사명이었다. 그는 오스트레일리아 아나키즘의 역사
에서 "가장 완강하고 집요한 선동가"라는 평을 듣는다. 당연한 일이다.
'처미'라는 별명으로 불렸던 그는 영국에서 태어났다. 열 살 때부
터 부츠 공장의 좁은 작업장에서 일하며 건강을 해친 그는 자신이 사

회적 부정의 때문에 고통을 받는다고 생각했다. 스물한 살이 되던 1884년 삼촌의 초청으로 오스트레일리아에 온 그는 부츠를 만들어 호구지책을 하며 영국에서부터 관심을 두고 있던 비종교주의 모임에 참석했다. 통상 무정부주의라고 번역되는 아나키즘이란 모든 형태의 제도에 의한 통제를 부정하며, 강제적인 지배와 통치가 사라진 상태에서만 조화와 안정을 얻을 수 있다고 믿는 이념이다. 그러니 그들은 종교를 거부하며 무신론으로 흐르는 경향을 갖고 있다.

점차 그는 노동운동에 관심을 기울였다. 그가 특히 관심을 둔 것은 실직자들의 문제였다. 오스트레일리아에 도착한 지 1년 만에 그는 멜버른의 재무성 건물로 향하는 실직자들의 시위에 참가했다. 그곳에서 선두에 나서 "빵이 아니면 일"을 달라고 요구하는 깃발을 들었다. 경찰에 의해 연행되었지만, 법원에서는 나이가 어리다는 이유로 "본분을 지키라"는 권고와 함께 방면했다. 그러나 석방되자마자 그는 갇힌 동료들을 석방시키기 위한 돈을 모으기에 여념이 없었다. 이렇듯 점차 명성을 얻은 그는 1891년 멜버른 노동조합장으로 선출되었다. 오스트레일리아 사회주의자 연합의 창립 위원이기도 했고, 미국을 본따 만든 오스트레일리아의 노동기사단에 참여하기도 했다. 노동절에 노동자들의 시위행진을 벌이자는 그의 제안은 2년 뒤인 1892년에 성사되었다.

그렇지만 그는 야라 강둑의 연설로 가장 유명하다. 그는 1884년부터 야외 광장의 회합에 참여했다. 그리고 곧 자신만의 연단을 만들어 무신론, 실직, 여성의 권리, 세제 개혁 등 다양한 주제에 대해 연설했다. 1887년 6월의 '여왕 탄신일을 축하하기 위해 사람들이 굶어야 하

～ 존 윌리엄 플레밍
오스트레일리아 아나키즘의 역사에서
"가장 완강하고 집요한 선동가"라는 평
을 듣는 존 윌리엄 플레밍은 무엇보다
야라 강둑의 연설로 유명하다. 그는 야
라 강둑에서 거의 60년에 걸쳐 핍박과
체포와 구금을 무릅쓰며 일요일마다 노
동자와 실업자를 위해 연설했다.

는가?'라는 제목의 연설은 2,000명이, 그해 7월의 '개혁 아니면 혁명'
이라는 연설은 3,000명이 넘게 경청했다. 청중이 늘자 탄압이 더 심
해졌다. 그의 연설은 아나키스트답게 점진적 개혁보다는 즉각적인 혁
명을 촉구하는 내용이 많다. "노동자들은 의회에서 자신의 권리를 결
코 기대할 수 없다"던 그는 멜버른에서 무정부주의를 끝까지 몰고 나
가기 어렵다는 것을 깨달았지만, "미래에 거둘 씨를 뿌린다"는 마음으
로 행동했다. 말년엔 그런 낙관마저 잃었어도 연설은 계속했다. "아나
키즘은 기생충 무리를 살찌우는 사기를 드러내 보인다. 플라톤은 원
로원이 부패했고, 정치가는 뇌물을 받았으며, 대중은 바보라고 말했
다. 소수는 생각했다. 그러나 다수는 결코 생각하지 않았다. 나는 일

흔 여섯, 내 삶은 끝났다. 나는 나의 삶을 살았다. 무정부주의여, 영원하기를."

플레밍은 1950년 1월 25일에 칼턴의 자택에서 쓸쓸하게 사망했다. 젊었을 때부터 추구했던 대의명분에 바친 한평생이었다. 소원에 따라 그의 시체는 화장했다. 사망하고 세 달이 지난 4월 말 친구들은 플레밍이 유골을 노동절에 야라 강에 뿌려달라고 당부했던 기억을 떠올렸다. 그러나 그들은 유골을 분실했다. 친구 피터 레이들러가 말했다. "어떤 재든 상관없잖아?" 다른 친구가 말뜻을 알아채고 5월 1일에 재 한 통을 갖고 왔다. 레이들러가 야라 강가에서 플레밍의 삶에 대해 간략하게 연설한 뒤 한 줌의 재를 뿌렸다. 재는 군중들 위로 날아가 멜버른의 바람 속으로 흩어졌다. 끝까지 자신의 강령에 충실했던 플레밍은 이렇듯 아나키스트답게 노동절 행사에 마지막으로 참가했다.

대저 어느 곳에서든 노동운동이 성사되기 어려운 것은 정치권을 비롯한 기득권층이 고용자 측과 협력해 노동자층을 핍박하기 때문이다. 그들은 노동자층이 헌법에 보장된 생존권과 행복추구권을 용인해달라는 정당한 요구에 이념적인 딱지를 붙여 사회의 안정을 저해하는 세력으로 본다. 게다가 대중은 그것을 묵인한다. 플레밍이 말했듯, "다수는 결코 생각하지 않는다." 이곳에선 그 정도가 더욱 심하다. 부산의 한진중공업 영도 조선소에서는 김진숙 지도위원이 2011년 9월 현재 8개월이 넘게 크레인타워에 올라 노조원들의 정리해고에 항의하며 목숨을 건 농성을 벌이고 있다. 그 요구를 묵살하는 기업 측의 태도에는 이윤창출뿐 아니라 노조 자체를 붕괴시키려는 목적이 들어 있는 것처럼 보인다.

　김진숙 위원의 농성은 연조가 깊다. 이미 2003년 10월 한진중공업 김주익 노조위원장이 스스로 목숨을 끊었고, 곽재규 조합원이 그 뒤를 이었다. 가장 고귀한 생명을 버린 배후에는 그만큼 절박한 사정이 있었고, 목숨을 바쳐서라도 지켜야 할 명분이 있다는 믿음이 있었다. 그럼에도 그 죽음에 옷깃 여밀 염조차 없이 회사 측은 밀어붙인다. 인간은 자연 속으로 태어난다. 그렇기에 하늘로부터 인간에게 부여된 자연권은 무엇보다 앞선다. 바로 생명권과 행복추구권과 같은 것을 거의 모든 나라의 헌법에서 보장하는 이유다. 그 중요한 기본권을 묵살한 회사 측에서는 농성에 동조하려는 시위대가 담을 넘어왔다는 것을 문제 삼는다.

특이한 판결

　　대략 기원전 2000년부터 1600년까지 메소포타미아를 지배했던 제국을 역사가들은 고古 바빌로니아 왕조라고 부른다. 이 왕국은 법전으로 유명한 제6대 함무라비 왕 때 전성기를 누렸다. 당시 중요한 도시의 광장에는 함무라비 법전을 새긴 돌기둥이 세워져 있었다. 돌기둥의 윗부분에는 태양신 샤먀슈가 함무라비 왕에게 왕권의 상징인 붓과 반지를 건네는 장면이 새겨져 있다. 함무라비 왕의 권위가 신에게서 왔다는 것을 의미한다. "눈에는 눈, 이에는 이"라고 상투화된 문구로 단순화되어 널리 알려진 함무라비 법전에는 사실 그 구절이 들어 있지 않다. 단지 그 특성 중 하나를 강조하는 말에 불과할 뿐이다.

　　함무라비 법전의 진가는 고대 메소포타미아의 사회상을 잘 보여주는 데 있다. 함무라비 법전을 구성하는 282개 조항에는 형벌에 관한 항목이 가장 많고, 토지 소유권과 상법에 관한 항목이 그 뒤를 잇

함무라비 법전이 새겨진 돌기둥
의 윗부분
태양신 샤마슈가 함무라비 왕에게 왕권의
상징인 붓과 반지를 건네는 장면이 묘사
되어 있다.

는다. 그것 자체가 그 사회의 성격을 보여준다. 형벌 조항이 가장 많
다는 것은 치안의 문제를 가장 중요하게 여길 정도로 아직 완전히 안
정되지는 않은 사회임을 드러낸다. 토지 소유권 항목이 그 뒤를 잇는
것은 메소포타미아 지역이 본질적으로 농업 사회였음을 보여주며, 그
다음으로 상법 항목이 많은 것은 상업 활동도 상당히 번창했음을 말
해준다.

　크게 보아서 함무라비 법전에 드러난 형벌의 성격은 보복주의다.
일단 기본적인 법 조항 몇 개를 살펴보자. "한 귀족이 다른 귀족의 눈을 상하게 하면, 그의 눈을 상하게 한다. 한 귀족이 다른 귀족의 뼈를 부러뜨리면, 그의 뼈를 부러뜨린다." 이런 조항도 있다. "어떤 사람이 임신부를 때려 유산시킨다면, 그의 딸을 죽인다." 이런 연유로 "눈에는 눈, 이에는 이"라는 표현이 생겼다. 그렇지만 보복주의가 모든 경우에 적용되지는 않는다. "한 귀족이 평민의 눈을 상하게 하거나 뼈를 부러뜨리면, 1미나의 은을 지불한다. 노예의 눈을 상하게 하거나 뼈를 부러뜨리면, 노예 가치의 절반을 지불한다." 이렇듯 함무라비 법전은 법 적용이 차등적이라는 사실 외에도, 노예는 상품으로 취급되었으며, 도량형이 상당히 발달했다는 사실까지도 짐작케 해준다. 그 밖에도 함무라비 법전에서는 고의와 과실을 구분하지 않은 채 결과만 보고 형벌을 정한다. 그런 이유로 함무라비 법전은 근대적인 법체계에 비해 합리적이지 못하다는 평가를 받는다.

그런데 함무라비 법전의 조항 중 몇몇은 다음과 같이 특이한 사례를 언급한다. 어떤 사람이 물건을 분실했는데 다른 사람이 그것을 갖고 있음을 알게 되어 소송이 벌어진다. 그 물건의 현 소유자는 "상인에게서 샀는데, 증인들 앞에서 값을 지불했다"고 말한다. 원래의 소유자는 그것이 자신의 재산이었음을 말해줄 증인이 있다고 한다. 판결은 어떻게 이루어질까? 그것은 증인의 유무와 증언의 신빙성에 근거하여 내려진다. 만일 증인이 근처에 없어서 증인을 데려올 때까지 시간이 필요하다면 6개월이 주어진다. 구입자가 판 사람과 증인을 데려오지 못하고, 원 소유자가 믿을 만한 증인을 데려온다면 구입자가 도둑으로 사형을 당한다. 반대의 경우에는 잃어버렸다는 주장이 무고죄가 되어 그가 사형에 처해진다.

문제는 양측에서 모두 증인을 데려오고 그들의 증언을 믿지 않을 수 없을 때 생긴다. 이럴 경우 어떤 판결이 내려질까? 재판관은 물건 값을 지불하는 것을 보았다는 증인과, 원 소유자의 재산이었다고 말한 증인의 말을 검토하고 그들에게 거짓 증언이 아님을 선서하게 한다. 그 뒤에 내려지는 결론은 물건을 판 상인이 도둑이어서 그를 사형에 처한다는 것이다. 원 소유자가 그 물건을 갖고, 현 소유자는 구입했던 상인으로부터 지불했던 금액을 돌려받는다.

　함무라비 법전이 전근대적이라는 비판을 받는다 할지라도 증인과 그들의 말을 검증하고, 그것에만 바탕을 둬 논리적 판결을 이끌어내는 방식은 권력의 눈치를 보며 그 입맛에 맞는 판결을 내는 것보다 훨씬 더 현대적으로 보인다. 두말할 나위 없이 더 인간적이기도 하다. 게다가 잘못 판결을 내려 누군가에게 경제적 불이익을 주었다고 판명되면 재판관은 열두 배로 배상해야 했으니, 재판관도 더 공정한 판결을 이끌어야 했다. 그런데 조금 깊이 생각하면 더 솔직한 법전인 것처럼 보이기도 한다. '유전무죄, 무전유죄'라는 약자에게 일방적으로 불리한 야만적 판결을 우리는 얼마나 많이 보아왔는가.

　그 정도에만 그쳤으면 좋으련만, 한 재벌의 총수는 자신 아들의 앙갚음을 한다고 '똘마니'들을 이끌고 직접 '복수혈전'에 나서서 물의를 일으켰다. 그 일이 채 잊히기도 전에 또 다른 재벌의 2세는 대한민국의 사법정의를 믿지 못해(?) 문제 해결에 직접 나섰다. 그는 고용승계를 요구하는 연로한 운전기사를 폭행하고 맷값으로 통 크게 2,000만 원을 지불했다. 1심에서는 실형을 선고받았으나, 2심에서는 서둘러 집행유예로 마무리되었다. 이미 사회적 지탄을 받았기 때문에 그렇게 선고했다는 사법부의 논리가 납득이 가지 않는다. 사회적 지탄과 형벌이 상쇄될 수 있는 것인지? 그렇다면 극도로 사회적 지탄을 받은 패륜범도 석방되어야 하는 것이 아닌가? 반면 그 사건의 피해자인 운전기사는 불구속기소를 당했다.

사실 '유전무죄, 무전유죄'에 그치는 것이 아니라 '유권무죄, 무권유죄'라는 말도 성립된다. 돈뿐 아니라 권력을 가진 사람들도 사법의 법망을 쉽게 벗어나지 않는가? 용산 사태와 스폰서 검사의 문제에서 유죄 판결을 받은 경찰과 검사는 없었다. 정말로 궁금하다. 직접 폭행에 나섰던 그 재벌 2세는 이런 대한민국의 사법정의를 믿지 못해서 그랬을까, 아니면 믿는 구석이 있어서 그랬을까?

드레퓌스 사건

　　　　　　드레퓌스 사건은 1890년대부터 장기간 프랑스를 이념적으로 갈라놓았던 정치적 스캔들이다. 1894년 11월 젊은 유대인 포병 장교 알프레드 드레퓌스가 유죄 판결을 받았다. 그는 프랑스의 군사 기밀을 파리 주재 독일 대사관에 넘겼다는 이유로 종신형을 선고받고 프랑스령 기아나의 악마의 섬에 유배되었다. 2년 뒤 페르디낭 에스테라지라는 프랑스 육군의 다른 장교가 진범이었다는 정보가 드러났다. 그러나 고위 장성들은 그 새로운 정보를 묵살했고, 군법회의에서는 재판 개시 이틀 만에 만장일치로 에스테라지를 석방했다. 드레퓌스는 석방되기는커녕 위베르 조세프 앙리라는 다른 정보 장교가 날조한 문서를 근거로 추가로 기소되었다. 앙리의 상관들은 그 날조된 문서를 무비판적으로 수용했다.

　1898년 1월 저명한 소설가 에밀 졸라가 『로로르』라는 파리의 신문에 「나는 고발한다」라는 격렬한 공개서한을 발표했다. 펠릭스 포르 대통령을 수신자로 하는 편지 형식의 이 글에서 졸라는 정부의 반유대주의 정책과 드레퓌스의 불법적인 감금을 비판했다. 졸라는 사법 절차상의 과오와 증거의 부족을 지적했다. 이 글은 제1면에 실려 프랑스 국내는 물론 국제적으로도 큰 반향을 일으켰다. 그렇지만 졸라는 중상 혐의로 기소되어 유죄 판결을 받았고, 투옥되는 것을 피해 영국으로 도피했다가 1899년에 프랑스로 돌아왔다.

어쨌든 그해에 드레퓌스에 대한 재판이 속개되어 유배 중인 그도 파리로 소환되었다. 이후 프랑스 사회는 드레퓌스를 지지하는 자들과 반대하는 자들로 극명하게 구분되었다. 그것은 진보와 보수의 구분이기도 했다. 드레퓌스는 10년형으로 감형된 뒤 사면받았다. 그러나 그것이 무죄를 의미하는 것은 아니었다. 그렇지만 1904년 지식인들의 끈질긴 요구로 재심이 속개되어, 1906년 드레퓌스는 궁극적으로 무죄 판결을 받고 군대에 복귀했다. 그는 건강이 악화되어 이듬해에 제대했지만, 제1차 세계대전이 발발하자 다시 입대해 전쟁 기간 내내 장교로 복무하다가 육군 중령으로 전역했다. 그는 1908년 사망한 에밀 졸라가 팡테옹에 안장될 때 그를 암살하려는 시도가 있어 경미한 상처를 입기도 했다.

드레퓌스가 명예를 회복하는 데 졸라가 가장 큰 공을 세웠지만, 『르 피가로』와 같은 언론은 물론 군 내부의 정의로운 사람들도 그 일에 나섰다. 대표적 인물이 조르주 피카르 소령이었다. 그는 처음부터 에스테라지가 간첩 행위를 했다는 증거는 물론, 문서가 날조되었다는 증거를 상관들에게 제시했다. 그들은 자신들의 과오를 숨기기 위해 그 사실에 대해 침묵을 지키라고 명령했지만, 그는 명령을 따르지 않

L'AURORE

Cinq Centimes

Littéraire, Artistique, Sociale

Directeur: ERNEST VAUGHAN

J'Accuse…!

LETTRE AU PRÉSIDENT DE LA RÉPUBLIQUE
Par ÉMILE ZOLA

LETTRE
A M. FÉLIX FAURE
Président de la République

Monsieur le Président,

「로로르」에 실린 「나는 고발한다」

에밀 졸라는 일간지 「로로르」의 제1면에 실린 「나는 고발한다」라는 장문의 글을 통해 당시 프랑스 정부의 반유대주의 정책과 드레퓌스의 불법적인 감금을 비판함으로써 프랑스 국내는 물론 국제적으로도 큰 반향을 일으켰다.

고 드레퓌스에 호의적인 언론에 알렸다. 그 이유로 그도 군사 기밀 누설죄로 군법회의에 회부되었지만, 드레퓌스의 석방과 함께 그도 혐의를 씻고 군에 복귀했다.

소설가 졸라와 아나톨 프랑스, 수학자 앙리 푸앵카레, 자크 아다마르, 고등사범학교의 사서였던 뤼시앵 에르 같은 지식인들이 결속하여 양심의 세력으로 등장하게 된 것도 이 사건의 한 결실이었다. 그들은 반유대주의에 동조하는 신문 『라 리브르 파롤』의 발간인 에두아르 드뤼몽과 위베르 조세프 앙리를 위시한 드레퓌스 반대 진영을 '군부 독재주의자들'이라고 규정하면서 굳게 결속했다.

스튜어트 휴즈 같은 역사가는 그나마 프랑스였으니 이런 재판이 일어날 수 있었지, 독일이었다면 애초에 유대인이 장교가 될 수 없어 사건 자체가 발생할 수 없었다고 지적하기도 했다. 프랑스의 군부에서는 일개 유대인에 의해 군의 명예가 추락할 수는 없다는 그릇된 자부심으로 재판을 지속시켰다. 어쨌든 이 사건은 유럽 도처에 잠복해 있던 반유대주의의 실체를 드러냈다. 이 사건의 여파로 헝가리의 언론인 테오도어 헤르츨은 팔레스타인에 유대인의 국가를 건설하자는 주장을 펼치는 시온주의를 역설했다. 헤르츨은 1896년 세계 시온주의 기구를 창설하여, 유대인은 유럽에서 결코 공평한 대우를 바랄 수 없으니 그들의 국가를 건립해야 한다는 제안을 구체화시켰다. 드레퓌스 사건이 시온주의를 출발시킨 동기가 된 것은 아니었지만, 추진력을 제공한 자극제가 되었던 것은 확실하다.

드레퓌스 사건은 거짓이 참을 이길 수 없음을 증명했다. 드레퓌스 사례는 사실이 있는 그대로 밝혀져야 할 당위성을 일깨워준다. 이곳에서는 해병대 총기 사건과 자살 사건이 있었다. 사건이 일어난 뒤 처음에는 이러한 참사의 배후에 후임병이 선임병에게 가혹 행위를 하게 만드는 '기수 열외'라는 특이한 해병대의 문화가 있었다고 알려졌다. 그러나 곧 범인에게는 성격 장애와 정신분열증의 증후가 있었다든가, 범인이 "왕따를 당한 적이 없었다"는 유類의 진술이 보도되기 시작했다. 그 사건이 군 내부의 구조적인 문제에서 비롯되었다기보다는 한 개인의 부적응 탓으로 돌리려는 것처럼 보인다. 대통령까지 나서 "체벌 자체보다도, 자유롭게 자란 아이들이 군에 들어가 바뀐 환경에서 적응하는 과정에서 정신적으로 받아들이지 못하는 데 더 큰 원인이 있는 것 같다"고 말했다.

안일한 대응 태도다. 도피할 곳이 없는 병영에서 조직적이고 음성적인 폭력을 당한다면 아무리 정신이 강한 사람이라 할지라도 이상자가 되는 것은 시간문제다. 그렇게 만드는 야만의 행태를 바꾸는 것이 무엇보다도 우선되어야 한다. 그것을 위해서는 사건 자체를 있는 그대로 밝혀 사실이 말을 하도록 만들어야 한다. 드레퓌스 사건에서 지식인들을 움직인 것은 군부의 위신에 앞서는, 훨씬 더 높은 곳에 기인하는 행동의 원리를 따라야 한다는 책임감이었다. 그 원리는 여기에서도 지켜져야 한다. 우리의 해병대원도 인간이기 때문에.

오만과 편견

　　　　2001년 9월 11일 뉴욕의 세계무역센터가 자살 공격을 받아 무너지고 워싱턴의 미국 국무성 펜타곤이 공격받았다. 세계 최강대국을 자랑하던 미국이 최초로 본토에서, 그것도 중심부에서 공격을 받은 이 사건으로 미국 국민들은 공황 상태에 빠졌다. 그들의 집단적인 감정 상태는 공포와 경악과 분노와 증오심이었다. 물론 그 분노와 증오심의 대상은 오사마 빈 라덴과 그의 추종 조직인 알카에다를 향하는 것이었지만, 아랍권 전체를 향한 무분별한 적대감도 표출되었다. 사건의 규모 자체가 주는 충격과 향후의 전망에 대한 불안감 속에서 마음을 따뜻하게 해주는 조그마한 보도가 있었다. 그것은 사건의 피해자 가족 여럿이 방송에 나와, "보복은 오히려 우리들처럼 가족을 잃어 슬픈 사람들을 더 만들어낼 뿐이니 신중하게 대처해달라"는 호소였다.

　　그와 비슷한 맥락에서 언어학의 대가이자 미국의 외교 정책에 대해 신랄한 비판을 가해왔던 촘스키 교수는 "이번 테러는 잔혹한 것이지만 규모로 볼 때 클린턴 대통령이 뚜렷한 이유도 없이 수단을 공격해 제약공장 절반을 파괴하고 수많은 사람을 죽인 데는 미치지 못 한다"고 시작하는 글에서 "우리는 정당화된 공포를 그대로 드러낼 수도 있겠지만 왜 테러가 발생했는지 이해하고 잠재적 테러범들의 생각을 알기 위해 노력하는 쪽을 택할 수도 있다. 성급한 보복은 더욱 참혹한 사태를 불러올 것"이라고 경고했다.

그러나 인간성에 바탕을 둔 이러한 양심의 소리는 곧 묻히고, 부시 미국 대통령은 자유와 정의 등 온갖 긍정적인 가치를 자신의 편에 두면서 '사악하고 비열한' 적들에 대한 전쟁을 선포했다. 지금까지 미국이 왜 수많은 테러의 표적이 되어왔는지를 자성하는 고뇌의 모습은 물론, 연일 계속되는 이라크와 아프가니스탄에 대한 무차별의 공습이 산출해낼 부지기수의 무고한 희생자들에 대한 배려도 찾을 수 없다. 하늘을 찌르던 두 건물이 붕괴하며 빚어진 미증유의 참사에 경황이 없었다 할지라도, 그곳에서 희생된 90여 개 국가 출신의 외국인들과 그들의 나라에 대한 정중한 사과와 조의의 표시조차 들어본 적이 없었다. 이번 일을 계기로 미국의 국민들이 더욱 단결하면서 가정의 가치를 한결 중요하게 여기게 되었다고 말하는 저편에서는 한 나라의 국민 대다수가 삶의 터전을 잃고 짐승만도 못한 생존을 위해 유랑의 무리가 되도록 만들었다는 책임에 대한 고려도 없었다.

이러한 오만에 대해 이슬람 세력으로서는 그것이 서방 세계의 또 다른 '십자군 전쟁'일 뿐이라는 '편견'으로 대할 수밖에 없도록 몰려갔다. 과연 힘을 갖고 있다는 이유로서 밀어붙이는 방식으로 세계의

〰️ **화염에 쌓인 뉴욕 세계무역센터 빌딩(사진 제공: 연합뉴스)**
2001년 9월 11일 뉴욕의 세계무역센터와 워싱턴의 펜타곤이 공격을 받았다.
이후 성급한 보복의 자제와 테러의 원인에 대한 성찰 등의 목소리가 들렸지
만 미국을 뒤엎은 공포와 경악과 분노와 증오심에 이내 묻혔다.

경영이 가능할 것이었을까? 진정 미국은 가족과 보금자리와 모든 것을 잃은 자들이 생명을 초개처럼 알도록 몰고 가고 있는 상황에서 테러가 종식될 수 있을 것이라고 믿고 있었을까? 헤로도토스는 인간의 오만함에 대해 경계를 촉구하면서, "번개에 맞는 것은 언제나 높은 건물과 높은 나무"이고 "높은 것을 낮게 바꾸는 것이 신의 방식"이라고 페르시아의 국왕에게 간언하는 신하의 이야기를 전한다. 그러한 자성의 소리에 귀 기울이기에는 이미 뒤늦은 것일까?

당시 미국의 프로야구 경기장에서는 성조기를 든 관중들이 성조기를 부착한 유니폼을 입은 선수들의 경기를 관전하면서 미국의 국가에 맞추어 자못 심각한 표정으로 애국심을 발산시키고 있었다. 적당히 즐기며 적당히 애국을 하는 지구의 다른 쪽 한 구석에서는 헤아릴 수 없이 많은 양민들이 난민이 되어 이유도 모르는 채 삶과 죽음의 경계선을 절박하게 오가고 있었다.

부시 대통령은 대량 살상 무기가 있다는 정보를 근거로 이라크를 침공하여 정권을 무너뜨렸다. 그 정보가 거짓임이 밝혀짐으로써 실상 이라크 침공의 목적은 유전에 있었다는 것이 증명된 것이고, 그것은 9.11 사태에 대해 수많은 음모론이 만들어질 비옥한 토양을 제공한 셈이었다. 게다가 테러 혐의자들에게 가한 무자비한 인권 침해는 물론 종교적 독선과 오만 등을 이유로 부시 대통령은 최악의 대통령의 행렬에 가세했다.

그리고 2011년 5월 1일, 오바마 미국 대통령은 9.11 테러의 배후인 오사마 빈 라덴이 파키스탄에서 미국의 작전 과정 중에 사살되었다고 공식적으로 발표했다. 오바마는 각료들과 함께 살해 장면을 텔레비전으로 시청했다고 한다. 작전 요원의 헬멧에 부착한 카메라로 찍은 '사살과 확인사살'의 잔인한 장면을 40분에 걸쳐 시청했다는데, 그것을 통해 오히려 진압 작전의 비인도적인 면모가 확인되었다. 무장하지도 않았고, 저항도 하지 않은 그를 사살한 것이다. 부시의 공언처럼 재판정에 세우게 할 수도 있었는데 사살했고, 시체마저 수장한 것은 무엇인가 재판장에서 밝혀지면 안 될 내막이 있지 않았을까 하는 의심이 들게 만든다. 파키스탄 정부의 허락을 받지도 않고 작전을 수행해 마찰을 빚은 것도 중요한 문제다.

하지만 오바마는 그 작전을 승인했다. 아마도 그 이유는 오사마 사살 소식을 듣자마자 환호작약하던 미국 국민들의 정서에 호소하여 떨어져가는 자신의 인기를 만회하고, 그리하여 재선을 노리려던 기대에 있었을 것이다. 아랍권의 더 큰 반발이 있으리라는 충분히 예상할 수 있는 고려도 뒷전이었다. 부시에서 오바마까지 미국의 대통령과 대다수 국민들은 바뀌지 않았다. 그들은 철저하게 자신의 이익만을 안중에 두고 있는 무리다.

그들에게 전적으로 의존하는 우리의 외교 정책에는 문제가 있는 것이 확실하다. 미군 부대에서 고엽제를 내버린 것 같은 '사소한' 일로도 그들이 궁극적으로 우리를 어떻게 보고 있는지 드러나지 않았는가? 주체적으로 외교 관계를 다변화할 때다.

고된 시절 견디기

　　　　　　　　내털리 데이비스라는 유대인 역사가가 있
다. 미국인으로서 지금은 캐나다의 토론토 대학교 교수로 재직하고
있는 그녀의 삶은 존경스럽다. 존경을 보내야만 한다. 그녀는 대학교
3학년 당시 챈들러 데이비스라는 수학 전공의 남학생과 결혼했다. 그
는 수학 외에도 과학, 음악, 시에 조예가 깊었고 내털리와 이념적 성
향이 같았다. 만난 지 3주 만에 챈들러가 청혼했고, 6주 만에 결혼했
다. 내털리 제먼은 비로소 내털리 데이비스가 된 것이다. 그때 챈들러
는 22세, 내털리는 19세였다. 기독교도인 챈들러와 유대인인 내털리
의 만남은 스캔들로 여겨질 정도로 주위의 반대가 많았지만, 그들은
인생의 동반자이자 이념의 동지로서 평생 고락을 같이했다. 내털리가
학문의 길을 갈 수 있었던 것도 여성이 스스로 나아갈 길을 개척해야
한다는 명분에 찬동하던 챈들러의 적극적인 도움이 있었기 때문이
다. 그녀가 낸 여러 책의 머리말에는 챈들러에 대한 애정 어린 헌사가

내털리 데이비스는 역사와 영화의
접목, 사회사, 인류학적 역사, 신문
화사, 여성사 등 오늘날 역사 전공
자를 넘어 역사에 관심을 갖는 사
람이면 눈길을 보낼 분야를 실천적
으로 개척하여 추앙받는다.

실려 있다. 그것은 동반자에 대한 겉치레의 이야기가 아니라, 다른 학
문의 길을 가면서도 비판적 제안과 논의를 통해 책의 수준을 높여준
사람에게 합당한 예우다.

　내털리 데이비스는 본디 역사학 박사 학위를 딴 뒤, 그와 관련된
자료를 다큐멘터리 영화로 만들려는 계획을 갖고 있었다. 그러나 챈
들러와 결혼한 뒤 아이를 갖고 가정을 꾸려야 할 일을 고려할 경우,
챈들러처럼 대학에서 가르치는 일이 더 수월하리라고 생각해 인생
의 진로를 바꿨다. 내털리는 1952년 프랑스 리옹으로 연구 여행을 떠

났다. 6개월 동안 머물렀던 그곳에서 그녀가 가장 사랑했던 장소는 문서보관소였다. 그곳에서 수백 장의 카드에 빽빽하게 필사한 자료를 갖고 귀국한 그녀를 기다리고 있던 것은 연방수사국FBI 요원들이었다. 왜냐하면 내털리 데이비스는 프랑스로 떠나기 전 '미국 하원의 비미국적 활동조사위원회'의 위헌적 행위를 공격하려고 미시간 대학교의 '인문학, 과학 평의회'에서 비밀리에 발간한 팸플릿을 작성했고, 챈들러는 그 평의회의 총무였기 때문이다. 매카시의 선풍이 몰아치던 당시 그 팸플릿으로 젊은 부부에게는 공산주의자라는 낙인이 찍혔다. 챈들러는 미시간 대학교의 교수직을 내놓는 것은 물론 6개월 동안 감옥에 갇혔다. 부부가 함께 기소되면 남편에게만 책임이 있다고 간주하던 남성중심주의적인 사고방식 때문에 내털리는 감옥에 가지 않았다.

그러나 그것은 챈들러처럼 해임되고 옥고를 치르지 않았다는 이야기일 뿐, 내털리의 삶 자체는 훨씬 고달팠다. 가계를 꾸려나가는 일부터가 어려운 상황에 첫 아이를 임신했다. 연방수사국에서 여권을 압수하여 리옹으로 연구 여행을 떠날 수도 없었다. 그녀는 이 최악의 상황을 헤쳐나갈 새로운 길을 모색했다. 그녀는 당시 살고 있던 뉴욕 지역의 공공 도서관과 대학의 도서관을 모두 뒤져 16세기 리옹에서 출판된 모든 책을 섭렵했다. 책의 내용뿐 아니라 제본 방식에서부터 책 첫머리의 그림, 간행과 관련된 기록, 책장의 가장자리에 기록한 메모까지 세심하게 검토했다. 내털리 데이비스는 세 자녀를 키우며 1959년 박사 학위 논문 「신교와 리옹의 인쇄공들」을 완성시켰다.

그렇게 고된 시절을 견딘 각고의 결과로 출판된 책들이 품격을 인정받았다. 데이비스는 역사와 영화의 접목, 사회사, 인류학적 역사, 신문화사, 여성사 등 오늘날 역사 전공자를 넘어 역사에 관심을 갖는 사람이면 눈길을 보낼 분야를 실천적으로 개척하여 추앙받는다. 그녀는 〈마르탱 게르의 귀향〉이라는 영화의 제작에 참여하여 역사적 사실을 고증하는 자문 역할을 맡았고, 그런 한편 영화가 역사 사실에 못 미치거나 잘못 전달한 것을 밝히기 위해 같은 제목으로 책을 내기도 했다. 그 책을 통해 이 역사가가 가진 혜안의 편린을 찾아볼 수 있고, 얼마 전에는 『책략가의 여행』이라는 책이 우리말로 번역되어 출간되었다. 아직도 많은 사람들이 이 노학자에게서 나올 통찰을 기다린다. 그 고된 시절을 기억하며 후대에 힘을 불어 넣어주려는 듯 그는 우리에게 말한다. "현재가 아무리 침체하고 절망적이라 해도, 과거는 변화가 일어나리라는 것을 우리에게 상기시킵니다."

그렇지만 21세기의 이곳에서는 고된 시절을 견디는 일조차 만만치 않다. 2008년 9월 마이클 무어 감독의 다큐멘터리 영화 〈식코〉를 패러디한 동영상 '쥐코'를 블로그에 올렸다는 이유로 한 사업가는 대표이사로 있던 기업에서 사임해야 했다. 망명하는 심정으로 일본으로 떠난 그는 모든 것을 잃었다. 동영상을 삭제하고 블로그를 폐쇄했지만 국무총리실의 직원들이 사무실에 무단으로 침입해 서류를 뒤졌고, 법적 절차도 받지 않고 이메일을 뒤졌다. 한국으로 돌아온 그는 경찰 수사를 받았다. 그가 무혐의 처분을 받자 국무총리실에서는 다시 수사하라고 경찰에 압력을 가했고, 재수사 끝에 결국 '기소유예' 처분을 받았다. 대통령을 비방할 목적으로 동영상을 올린 행위는 유죄지만, 처벌을 미룬다는 처분이다.

2010년 6월 말 언론 보도로 그에게 벌어진 일이 알려지기 전까지, 2년 동안 그의 삶은 악몽의 연속이었다. 노동운동가 동생을 둔 것도 문제가 되었다. 보수 성향의 매체들이 의혹을 부채질했다. 서울 남대문로에 위치한 국민은행 본점 앞에서는 "그는 평범한 시민인가? 정체와 역할을 밝혀라"라는 자보를 든 사람들의 1인 시위가 이어졌다. 한나라당도 가세했다. "보통의 민간인이라고 보기 어렵다"는 보도 자료를 냈고, 국회 국정감사에 증인으로 출석한 그에게 한나라당의 한 국회의원은 "당신 말대로 하루아침에 직장을 빼앗겼지만, 증인은 우리가 흔히 이야기하는 서민이 아니다"라고 말하며 『조선노동당 연구』, 『아리랑』 등의 책을 거론하기도 했다. 서민은 그런 책을 읽지도 못하나?

공권력에 의해 저질러진 불법의 사례를 이 사건은 너무도 많이 보여준다. 인권 유린, 불법 사찰, 사상과 표현의 자유의 탄압, 연좌제……. 이것이 그들이 그렇게 강조하는 법치의 실상인가? 꿈에 찾아와 시간이 모든 것을 해결해줄 것이라고 위로해준 돌아가신 은사의 말씀만이 유일한 위안거리였던 그는 검찰의 불구속 기소로 또 다시 법정에 서게 되었다.

제4장

차별

카멜레온

　　　　　르네상스 시대 이탈리아에는 천재가 넘쳐났다. 그곳에 는 이름만 들어도 사람의 가슴을 뛰게 하는 화가, 건축가, 조각가, 문 필가, 철학자, 과학자들이 즐비하게 늘어서 있었다. 그런데 그 가운데 서도 가장 걸출한 천재를 한 명 꼽으라면 나는 주저 없이 미란돌라의 백작 조반니 피코를 꼽으려 한다. 그는 법학, 철학, 자연철학 등 당시 접근 가능한 모든 학문은 물론 마법과 관련된 비학秘學까지 친숙한 지 식을 갖고 있었다. 또한 그는 그리스어, 라틴어, 히브리어, 아랍어까지 능통해서 유대교의 카발라 신비주의 철학과 이슬람교도 학자들의 학 문도 해박하게 알고 있었다. 그는 스물셋의 나이로 철학과 신학과 과 학에 관한 900개의 논제를 제시하고, 유럽의 어느 학자라도 로마로 와서 공개적으로 토론을 벌인다면 모든 비용을 대겠다고 언명했다.

　이교의 지식까지 동원해 이룩한 선구적 이론은 기존의 눈에 위험 해 보이니, 그의 논제에서 이단의 혐의를 발견한 교황청의 개입으로

〜 〈조반니 피코〉(작가 미상, 16세기경)
조반니 피코가 집필한 『인간의 존엄성에 관한 연설』은
인간의 능력과 가능성을 새롭게 발견했다는 르네상스
시대의 '매니페스토'로 인정받는다.

그의 언명은 무산됐다. 교황청에서는 그를 이단으로 규정하여 구금했
지만, 그를 보살펴주던 메디치 가문이 개입해 풀려날 수 있었다. 900
개의 논제를 설명하기 위해 집필한 『인간의 존엄성에 관한 연설』이
라는 소책자는 인간의 능력과 가능성을 새롭게 발견했다는 르네상스
시대의 '매니페스토'로 인정받는다. 그는 과격한 개혁을 주도했던 도

미니쿠스 교단의 수도사 사보나롤라를 추종했고, 그에 불만을 품은 비서에게 독살됐다는 소문이 돌았다. 1494년 서른하나의 나이였다.

예로부터 고대의 모든 지혜를 소유했다고 알려져 있던 전설적 신인 헤르메스 트리스메기스투스나 모하메드의 사촌이었던 아랍인 압둘라는 인간의 존엄성에 대해 이야기해왔다. 그들은 인간이 존엄한 이유가 피조물과 신 사이의 중간자로서 신과 친하며, 하급 존재들의 왕으로 군림하기 때문이라고 보았다. 피코에게는 그것만으로 인간의 존엄을 논하기에는 불충분했다. 피코는 인간의 존엄성은 자신의 의지에 따라 무엇이든 될 수 있는 가능성에 있었다. 신은 인간이 태어났을 때 그에게 모든 종류의 씨앗과 삶의 모든 방식의 맹아를 부여했다. 인간은 어떤 씨앗이라도 키워서 결실을 볼 수 있다. 생존만 원하면 식물처럼 살 수 있고, 감각만 원하면 동물처럼 살 수 있고, 지성을 사용하면 천사가 될 수 있다. 더구나 영혼이 신과 합치되어 통일을 이루면 신의 위치에 오를 수도 있다. 이 점에서 인간은 천사보다도 우월하다. 왜냐하면 천사는 처음부터 끝까지 같은 본성으로 남아 있기 때문이다. 그 다양한 가능성을 가진 인간을 카멜레온이라 부르며, 그는 "누가 그를 찬양하지 않겠는가?"라고 외쳤다.

그런데 인간 존엄을 말하는 피코의 논지를 가만히 살펴보면 그 밑바닥에는 우주의 삼라만상에는 위계질서가 있다는 교부 철학자 아우구스티누스의 생각이 깔려 있는 듯하다. 아우구스티누스는 모든 존재에 위계질서를 부여한다. 창조주인 신이 최상의 위치를 차지한다. 생존력이 있는 생물이 무생물보다 우월하고, 생물 중에서도 감각을 가진 것이 감각이 없는 것보다 우선하므로 동물이 식물보다 우위에 있

〜∞ '헤르메스 트리스메기스투스'를 묘사한 그림(작가 미상, 1624년)
헤르메스 트리스메기스투스는 고대의 모든 지혜를 소유했다고 알려
져 있던 전설적 신으로, 그림에는 우주 전체 지혜의 세 부분을 상징
하는 태양, 달, 천구의(별)가 함께 그려져 있다.

다. 감각을 가진 존재 중에서도 이성을 지닌 인간이 다른 동물보다 우
월하고, 이성적 존재 중에서도 죽지 않는 천사가 운명적으로 죽어야
하는 인간에 앞선다. 여기에서 피코는 인간이 천사보다 우월할 수 있
다고 약간의 역전을 꾀한 것이다.

　존재하는 모든 것에 위계질서가 있다는 생각은 미국의 지성사가
아서 러브조이가 『존재의 대연쇄』라는 책에서 논증했듯, 아우구스티

누스보다 연조가 훨씬 길다. 고대부터 현대에 이르기까지 다양한 형태로 모습을 드러냈던 '존재의 대연쇄' 개념에서는 마치 자전거의 사슬 하나가 부러지면 사슬 전체를 못 쓰게 되듯, 모든 존재가 자신의 자리를 지키고 있어야 한다. 그러니 그것은 자신의 처지를 넘보지 말라는 언명일 수도 있지만, 다르게 생각하면 신부터 무생물에 이르기까지 모든 존재가 조화를 이루면서 공존해야 한다는 가르침을 내포하기도 한다. 그 수많은 존재 가운데 어느 하나라도 붕괴되면 전체가 무너지기 때문이다.

그리하여 신부터 미물에 이르기까지 모든 존재는 존립해야 할 충분한 이유가 있다는 것인데, 오늘날 우리가 사는 세상에서는 통수권자부터 나서서 그중 어느 하나가 아니라 모든 것을 파괴시키고 있다. 파헤쳐진 강은 강대로 울며 하상침식으로 보복한다. 산은 흉물스럽게 깎여 벌건 흙을 드러내며 산사태를 예고한다. 벌목된 나무들은 강과 함께 대재앙의 전조를 보인다. 생매장된 무고한 동물의 원혼은 침출수로 앙갚음한다. 부자와 빈자의 차이를 심화시키는 무분별한 정책으로 많은 소중한 목숨이 생애를 마감했음에도 부익부빈익빈의 질주는 멈추지 않는다. 피폐해진 삶을 살게 된 사람들이 스스로를 탓해야 하는 분위기로 몰고 간다. 외형적인 성장과 기득권에 안주하여 기독교의 가장 기본적인 가르침에 소홀한 교회에는 천사라도 등을 돌릴 것이다. 한마디로 고리 하나가 무너진 정도가 아니라 총체적인 파국이다.

미란돌라 백작 피코가 우리의 시대에 살았더라면 그는 자신의 논지를 보충했을 것이다. 인간의 가능성은 상승의 방면뿐 아니라 하강을 향해서도 끝이 없을 것이라고 말이다. 생존을 외면하고, 감각을 회피하고, 지성을 경멸하고, 영혼이 마비된다면, 즉 삼라만상의 존립 이유를 능멸한다면 그 카멜레온은 악마를 넘어 그들의 우두머리인 마왕의 자리에 우뚝 설 수도 있다고.

슬픈 그들

　　이탈리아 북동쪽 끄트머리에는 프리울리라는 오지가 있다. 북쪽으로는 오스트리아, 서쪽으로는 슬로베니아와 맞닿고 있으니, 이탈리아 중심부의 문화가 전달되긴 어려울지라도 게르만과 슬라브 등 외래 문화가 유입되기는 쉬웠다. 따라서 그 지역에서는 이탈리아 본토와는 다소 이질적인 민간 풍습이 존재했고, 그곳의 방언인 프리울리어語는 이탈리아 사람들에게 통역이 필요할 정도였다.

　　바로 그곳에서 17세기로 넘어가던 무렵 일종의 이단재판이 열렸다. 이곳에 새로 파견된 수도사가 이상한 이야기를 하는 한 무리의 농사꾼 남녀를 소환한 것에서 비롯되었다. 그들마다 하는 이야기가 한결같진 않지만 거기에서 간추려낸 공통적인 모습은 다음과 같다. '그들은 사계재일四季齋日, 즉 계절이 바뀌는 축일마다 몸은 놔두고 영혼만 빠져나와 외딴 곳으로 가서 회향가지를 들고 수숫단을 든 마녀들과 전투를 벌인다. 그들이 이기면 그 해는 풍년이 들고, 지면 흉년이 된다. 양수막을 쓰고 태어났다는 공통점을 갖는 그들은 아이들이 병에 걸리게 만든 마녀들과 싸워 아이들을 구해주기도 한다.'

재판 기록을 검토한 이탈리아의 역사가 카를로 긴즈부르그는 이들이 풍년을 기원하는 민간 신앙의 잔재라는 결론을 내렸다. 게다가 죽은 자들의 행진에 참여하는 능력도 가졌다는 그들의 행태가 중부 유럽에 널리 퍼져 있던 '포악한 무리'나 '황야의 사냥'이라는 사계재일의 밤에 행진하던 죽은 자들의 모습과 큰 유사성을 갖는다는 사실에 착안하여 그 민간 신앙은 유라시아 대륙에 널리 퍼져 있던 샤머니즘의 한 모습이라고 해석했다. 이들은 스스로를 '베난단티'라 불렀다. '벤+안단티'로 나눌 수 있는 그 말은 '좋은 일을 하며 다니는 사람들'이라는 뜻이다. 그들은 악마를 숭배하는 마녀와 싸우며 크리스트교 교리를 수호한다고 믿었다.

하지만 재판은 신과 악마의 대결 구도라는 이분법적 틀 속에서만 모든 것을 파악하려고 하면서 이들의 위치를 어디에 두어야 할지 모르던 교구성직자의 소환에서 비롯되었다. 이들의 신앙이 크리스트교가 아닌 것이 확실하다면 이들은 마녀가 되어야 했다. 오래 감금된 상태에서 전문적인 훈련을 받은 이단 재판관의 냉혹하고도 예리한 유도 심문을 겪으면서 이들의 정체성은 흔들렸다. 크리스트교를 수호하는 베난단티라고 자랑스럽게 말하던 그들은 한 치의 말실수도 날카롭게 추궁하는 재판관의 질문 아래 점차 스스로가 마녀인 것 같다고 무너지며, 자신들이 갔던 곳이 마녀들의 모임인 '사바트'였다고 '인정'했다.

그들은 호구지책을 위해 기껏해야 무당 노릇을 하며 가엾게 먹고

∽◌ **〈마녀들의 부엌〉(자크 드 게인, 제작연도 미상)**
마녀사냥을 통해 교회가 마녀들을 공격했던 것은 기성의 기독교 사
회가 새로운 지역에 그 세력과 영향력을 확장시킬 필요가 있었음을
뜻했다. 마녀를 기소, 재판, 처형한다는 것은 마을에 대해, 그리고 마
을에서 도덕적, 정치적 권위를 선언하는 것이기 때문이었다.

살던 사람에 불과했음이 확실했다. 이들이 더 가여운 이유는 마녀라
고 자인했음에도 방면되었다는 사실이다. 긴즈부르그의 표현을 빌린
다면 "베난단티로서는 거의 무시되었다가 처형을 당하기에는 너무
늦게 마녀가 되었다." 이것은 마녀사냥의 역사에서 본다면 이해하기

어려운 일이다. 마녀라는 혐의를 쓴 사람들은 인간의 육체가 견딜 수 있는 극한까지 폭행당한 뒤 다른 사람을 마녀라 지목하여 또 다른 마녀들을 만들어냈다. 그들 역시 고문당하고, 사바트의 다른 참석자를 '고발'한 뒤 처형당했다. 어떤 방식으로든 한번 마녀라는 의심을 사게 된 피의자는 그 거미줄에서 결코 빠져 나오지 못했다. 사실에 근거한 현장 부재 증명도 여기에서는 통용되지 않았다. 악마의 연회에 어떤 여자가 참석했다고 다른 사람이 증언을 하자, 그 여자의 남편이 그 시간에 그녀는 자기와 잠을 자고 있었다고 맹세한 경우가 있었다. 그러나 이러한 경우에도 그 남편이 만졌던 여자는 그의 아내가 아니고 연회에 참석한 아내 대신에 그 자리를 메웠던 악마였다는 것이다.

그런데 마녀임을 자인했는데도 방면되었다니? 이 명백한 모순은 이단재판이라는 특이한 현상의 역사적 성격을 고려할 때 해소된다. 이단은 종교적 문제일 뿐 아니라 사회적 문제이기도 하다. 어떤 집단이 이단으로 몰리는 것은 그들이 사회적으로 문제를 야기할 만큼 세력이 클 때였다. 마녀사냥을 통해 교회가 마녀들을 공격했던 것은 기성의 기독교 사회가 새로운 지역에 그 세력과 영향력을 확장시킬 필요가 있었음을 뜻했다. 마녀를 기소, 재판, 처형한다는 것은 마을에 대해, 그리고 마을에서 도덕적, 정치적 권위를 선언하는 것이기 때문이었다. 17세기로 들어서며 마녀사냥은 자취를 감췄다. 프리울리에서도 마녀라고 자인한 그들을 방면했다는 사실은 이제 마을 공동체에서 교회가 완전하게 권력을 장악했다는 것을 의미했다. 이제 완벽히 가련한 처지로 몰락한 베난단티에게 주어질 것은 무관심밖에 없었다. 이제는 이탈리아어 사전에서조차 그 이름을 찾을 수 없다. 권력의 틈바구니에서 힘없는 개인이 어떻게 말살되는지 극명하게 드러내는 구조적인 야만의 사례다.

개발을 통해 막대한 불로소득을 누리려던 개발 세력과 그것을 통해 경기 부양을 노리려던 이명박 정부의 정책이 결합하여 용산에서 철거민을 만들어냈다. 세입자였던 그들은 적절한 보상을 받지 못해 최종적인 선택으로 망루에 올랐다. 그곳에서는 경찰의 무리한 진압 작전이 펼쳐졌고, 결국 철거민과 경찰이 사망하는 일이 벌어졌다. 2년을 끌었던 재판은 결국 대법원에서 철거민들에게 실형을 내리고, 경찰의 진압 작전은 정당한 공무 집행이었다고 결론을 내림으로 마무리되었다. 결국 그들은 사법부에 의해 '범법자'로 낙인이 찍힌 것이었는데, 언론에서는 그들을 테러리스트라고 규정짓기도 하면서 그들에게 나쁜 여론을 유도했다.

국가는 국민의 기본적인 생존권을 보장해주어야 할 의무가 있지만, 그것을 방기하고 오히려 그들을 '죄인'이라는 격자 속에 감금시킴으로써 여론을 호도했다. 살기 위해 몸부림치던 그들을 보상금이나 더 얻어내려고 범죄를 저지른 파렴치한으로 만들어야 자신들의 책임이 가려지기 때문일 것이다. 궁극적으로 정부와 공권력은 엄청난 시세 차익을 노린 건설 재벌의 편을 들어준 것인데, 철거민이나 다를 바 없는 서민의 몽매함도 그것을 거들었다. 사건 이후 책임자 문책을 촉구하는 시위 때문에 생긴 교통 체증에 내가 탔던 택시의 운전사는 시위자들을 탓했다. 그의 삶이 팍팍해진 것이 시위자들 때문인 것처럼. 철거민들에게 '죄인'이란 꼬리표가 부착되었기에 쉽게 탓할 수 있었으리라.

잊힌 공주

　　　　　그 여자의 이름은 크리스티나 벨조이오소 공주였다. 1808년 이탈리아 밀라노에서 태어나 열여섯 살에 결혼했지만 4년 만에 남편과 헤어졌다. 남편의 외도로 인한 굴욕에도, 당시 오스트리아의 지배 아래 이탈리아에서 겪어야 했던 탄압에도 굴복하기 어려웠던 그녀는 파리로 망명을 떠나 1830년대 초에 살롱을 열었다. 유령처럼 희고 갸름한 얼굴과 대조를 이루는 윤기 넘치는 검은 머릿결, 어두운 색의 큰 눈망울, 휘청거릴 것 같은 섬세한 몸매, 가늘고 긴 손가락. 그 모든 자태가 그녀를 보는 사람들을 매혹시켰다.

　　그녀의 살롱에는 발자크, 하이네, 뮈세, 리스트, 라파예트 같은 저명인사들이 들락거렸다. 병약하여 창백했지만 불굴의 자유로운 정신을 가져 사회적, 정치적 억압에 결코 종속되지 않던 그녀에게 매혹되지 않은 사람이 없었다. 실로 그녀는 낭만주의의 중요한 특징을 한 몸으로 구현하고 있는 것처럼 보였다. 그녀는 발자크의 소설에, 하이네와 뮈세의 시에 영감의 원천이었다. 매혹을 넘어 숭배의 대상이었다. 그들은 그녀에게 편지를 보냈고, 자기들끼리도 그녀에 대해 편지했다. 그녀는 낭만주의 시대 새로운 여주인공의 모델이었다. 일흔넷의 라파예트까지도 그녀에 대한 사랑에 소년처럼 가쁜 숨을 몰아쉬곤 했다.

아름다운 만큼 열정적이었다. 처음부터 그녀의 살롱이 사람들의 관심을 끈 것은 이탈리아의 독립을 위한 그녀의 결연한 자세가 파리 사교계의 관심을 끌었기 때문이었다. 파리는 자유가 정박하던 곳이자 새로운 사상의 보금자리였다. 연약한 신체의 여성이지만 철의 의지를 가진 그녀는 새로운 낭만주의적 여성으로서 파리의 여주인공이 되었다. 입헌군주제로 통일된 조국 이탈리아를 보기 위해서도, 여성과 소외계층의 교육과 언론의 자유를 실현시키기 위해서도 열정적이었다. 자신과 같은 망명객들을 도와 프랑스 사회에 적응시키는 일에도 열정적이었다.

열정적인 만큼 지적이었다. 그녀는 1844년 이탈리아 철학자 잠바티스타 비코의 『새로운 학문』을 프랑스어로 옮겼다. 그 번역본에는 100쪽에 달하는 비코의 사상에 대한 논문도 함께 수록되어 있다. 이미 프랑스의 저명한 역사가 쥘 미슐레가 1827년에 출간한 번역본에 가려 큰 관심을 끌진 못했지만, 카를 마르크스는 라살에게 비코의 그 저작을 읽으려면 벨조이오소 공주의 더 정확한 번역본으로 읽으라고 권한 바 있다. 가톨릭 교리의 발전 과정에 대한 네 권짜리 책도 썼다. 오스트리아로부터 이탈리아의 독립을 바라며 신문을 출판하고 기사를 쓰기도 했다. 1848년 이탈리아에서 혁명이 일어났을 때 그녀는 국가적 영웅이었다. 뉴욕의 저명한 일간지 『뉴욕 데일리 트리뷴』에 그녀가 쓴 기사가 실리기도 했다.

1849년에는 프랑스가 점령하고 있던 로마에서 병원 봉사 업무를 총지휘하여 헨리 제임스 같은 미국인의 찬탄을 자아내기도 했다. 그녀는 나폴리에서 밀라노까지 자원봉사자들을 이끌고 전장에서 간호에 나서기도 했고, 터키 자객의 칼에 찔릴 위기도 겪었으며, 성지 팔레스타인으로 1년에 걸친 순례 여행을 떠나 지도에도 없는 사막을 횡단하고 말 잔등에 앉아 산맥을 넘기도 했다. 1871년 예순셋의 나이로 사망했을 때 그녀는 통일 이탈리아의 탄생에 도움이 된 자랑스러운 시민이었다.

오늘날 우리는 기억하지 못한다. 동시대 여성으로 뭇 남성의 연인이었던 시인 조르주 상드를 떠올릴지언정 크리스티나는 기억하지 못한다. 아니, 애초에 알지 못한다. 이처럼 감동적인 삶을 살았던 여인이 존재했다는 사실이 놀랍지만, 더 놀라운 건 우리가 그녀를 알지 못하는 이유가 남성중심주의에 길들여진 군상의 집요한 비난으로 그녀의 삶 자체가 매몰되었다는 사실이다.

끈질기게 그녀의 사랑을 갈구하던 남성들은 그들의 애정이 보답받지 못하자 공동의 적이 되어 그녀를 불감증 환자라고 공격했다. 질병조차도 비난거리가 되었다. 병 때문에 성격도 비정상적이고 변덕스럽다는 힐난이 뒤따랐다. 남성 고유의 영역이라고 여겼던 분야에서 독자성과 재능을 지녔던 여성은 혐오되던 사회였다. 비코 책의 번역과 가톨릭 교리에 관한 저서도 그녀가 친분을 유지했던 유일한 대상인 당대 역사가들의 업적인 것으로 치부되었다. 크리스티나와 같은 대의

〈크리스티나 벨조이오소 공주〉(프란체스코 하예즈, 1832년)

크리스티나 벨조이오소 공주는 열정적이었지만 그 대상이 남성이
아니었기에, 여자처럼 시를 쓰지 않고 남자처럼 철학과 역사책을
썼기에 숭배하던 자들이 적이 되었다.

명분을 나눴기에 그녀의 존경을 받았던 이탈리아의 독립투사 카보우르 백작마저도 그녀를 창녀이자 마약중독자라고 조롱했다. 여성의 영역이 아닌 정치에 간여했기 때문이었다. 열정적이었지만 그 대상이 남성이 아니었기에, 여자처럼 시를 쓰지 않고 남자처럼 철학과 역사책을 썼기에 숭배하던 자들이 적이 되었던 것이다.

어떤 면에서 인간의 역사는 차별의 역사였다. 정신은 육체를 차별했고, 백인은 유색인종을 차별했다. 남성은 여성을 차별했고, 오른손은 왼손을 차별했다. 부자는 빈자를 차별했고, 식자는 문맹을 차별했다. 자국인은 외국인을 차별했고, 정규직은 비정규직을 차별했다. 차별은 인간의 세계에서 불가피한 것일까? 그 차별이라는 야만의 세계에서 온갖 사회적, 성적 억압을 감내하며 차별 없는 세계를 위한 고귀한 삶에 한 몸을 바쳤던 공주에게 경의를 보내지 않을 수 없다.

21세기의 한국. 그녀와 견줄 만한 여성은 찾기 힘들지만, 그 대척점에 있어도 손색이 없을 후보자는 많다. 전직 대통령을 비방하는 연극을 올리고 차마 입에 올리기도 힘든 원색적 욕설을 퍼부은 그 여인들. 자위대 창설 기념식에 참가하여 '품격 있는 대한민국'을 만들려던 그 여인들. '일본은 없다'면서도 친일적인 뉴라이트 행사에 후원을 아끼지 않겠다고 함으로써 표절의 심증을 굳혀준 그 여인들. 차별을 없애기보다는 권력과 금력의 편에 서서 차별을 조장함으로써 일본이 아니라 한국이 없어지지 않을까 두렵게 만드는 그 여인들. 그 모두가 부끄러운 일인지도 모르는 그 여인들. 그 여인들은 결코 잊힐 수 없을 것이다.

크산텐을 아시나요?

'검은 여인'이라는 별칭으로 불리던 메르세데스 소사. 그녀는 아르헨티나 출신의 가수이지만, 라틴아메리카 전역은 물론 전 세계적으로 팬들의 사랑을 받던 가수였다. 남미의 군부 독재 국가에서 발언권을 갖지 못하던 민중의 목소리를 대변했다고 해서 '목소리 없는 사람들의 목소리'라는 별명을 갖기도 했다. 그녀는 1950년 열다섯의 나이에 지역 라디오 방송국에서 개최한 음악경연대회에 입상하면서 노래의 세계에 입문했다. 아르헨티나는 물론 칠레, 브라질, 쿠바 작곡가들의 곡도 노래해 인기의 영역을 넓히던 그녀에게 시련이 닥치기 시작한 것은 1976년 호르헤 비델라의 군부독재 때였다. 1979년 라플라타에서 공연하던 중 그녀는 무대 위에서 체포되었다. 국제적인 탄원에 힘입어 석방되긴 했지만 조국에서 추방당해 파리와 마드리드에서 유랑 생활을 해야 했다. 그녀는 군부 독재가 붕괴되기 몇 달 전에 아르헨티나로 돌아갈 수 있었다.

✑ **크산텐에서 있은 평화 콘서트의 모습(1988년)**
무대 중앙의 인물이 조앤 바에즈, 그의 우측에서 북치며
노래하는 인물이 메르세데스 소사다.

    1959년 뉴포트 포크 페스티벌에 맨발로 청바지를 입고 혜성 같이
나타나 통기타에 맞춰 맑은 목소리로 청중을 사로잡았던 조앤 바에
즈. 멕시코 계 수학자 아버지와 스코틀랜드 출신 어머니 사이에서 태
어나 한 평생을 노래하며 살고 있지만, 그녀의 노래는 언제나 사회적
명분을 담고 인권과 비폭력의 메시지를 전달한다. 스스로도 자신의
삶에서 사회적 정의가 음악보다 더 큰 핵심이라고 밝힌 바 있다. 그녀
는 많은 인권운동에 직접 참여하기도 했는데, 가장 유명한 사건은 앨
라배마 주의 셀마에서 몽고메리까지 마틴 루서 킹 목사와 팔짱을 끼
고 행진하면서 〈우리는 이기리라〉를 불렀던 일이다. 그레나다라는

도시에서 백인의 학교에 등교하려던 흑인 학생들을 보호하기 위한 시위였다. 베트남 전 때는 '비폭력 연구소'를 열기도 했고, 콘서트를 통해 징집에 반대하는 구호를 노래하기도 했다.

술에 취한 나치 당원에게 살해당한 절친한 친구 '빌리'를 노래한 독일 출신의 콘스탄틴 베커. 1980년대와 1990년대에 베커는 코카인에 중독되어 문제를 일으켰으나, 이제는 잘 극복하고 40장이 넘는 앨범을 만들었다. 또한 그는 영화음악도 제작하고 어린이를 위한 뮤지컬도 만들었다. 그는 미국이 주도한 이라크 침공을 공개적으로 비판했다. 2006년 3월 그는 독일의 할버슈타트에서 공연을 하기로 예정되어 있었으나 독일의 극우 정당의 압력으로 취소되었다. 그는 그해 여름에 할버슈타트에 돌아올 것이라 약속했고, 6월 17일 약속을 이행했다.

이 세 명의 공통점이라면 노래로, 그리고 노래 밖에서 인권운동, 반전운동, 환경운동 등 사회 참여에 적극적이라는 사실이다. 다른 하나의 공통점은 1988년 이들이 독일의 한 도시에 모여 평화의 콘서트를 열었다는 것이다. 화면으로 공연을 보는 내내 따뜻한 감동이 전해졌고, 저 공연장 한 구석에라도 자리할 수 있었더라면 하는 아쉬움으로 낮부터 밤까지 이어지는 음악의 향연에 심취한 청중이 부러웠다. 청중은 때로는 음악에 심취하여 진지하게 묵상을 하듯 감상을 하기도 했고, 때로는 스스로 흥에 겨워 춤사위를 자연스럽게 연출한 공연자들에 맞춰 열광하기도 했다. 그 이듬해에 베를린 장벽이 무너졌으니 이 콘서트가 원인은 아니라 하여도 나름의 의의는 충분히 있는 무대였다.

부러움은 거기에서 그치지 않는다. 공연 장소를 알아보니 크산텐 ₓₐₙₜₑₙ이라고 하는 작은 도시다. 완전히 생소한 이름이기에 독일에 유학을 다녀온 사람들에게 물어봐도 잘 알지 못한다. 검색을 하니 로마 시대 이전부터 존재했던 유서 깊은 도시로 독일에서 유일하게 X자로 시작하는 이름이라고 한다. 여름이면 2주일에 걸쳐 클래식 음악 페스티벌이 열리기도 하는데 상당히 명성이 높은 행사라고 한다. 또한 '크산텐 몽마르트르'라는 행사에는 전 세계의 예술가들이 모여 최신작을 전시하고, 모래성 쌓기 대회도 열린다고 한다. 셋이 모였던 공연장은 로마 시대에 건립된 원형극장으로, 지금은 고고학 공원이다. 오랜 역사를 가졌다 할지라도 고작 인구 2만 남짓의 소도시에 세 명의 전설과, 그들을 느끼려고 세계 도처에서 온 수많은 청중이 모였다. 부럽다. 거의 모든 것을 서울에서 흡수하여 경제적, 문화적 혜택이 잘 배분되지 않는 안타까운 우리의 현실 때문에 더욱 부럽다.

서울의 면적은 대한민국 국토의 0.7퍼센트밖에 차지하지 않지만 인구의 5분의 1가량이 몰려 살고 있다. 인구뿐 아니라 정치, 사법, 언론, 금융, 유통, 교육, 의료, 문화, 유흥과 관련된 기구와 시설들도 모두 몰려 있다. 모든 것을 빨아들이는 블랙홀인 셈인데, 서울 집중 현상은 더욱 심화될 것 같다는 데 문제가 있다. 세계 어느 곳을 돌아봐도 이렇듯 한 도시에 모든 것이 몰려 있는 나라는 없다. 도를 지나치게 높은 집값과 물가, 과밀한 대도시가 주는 번잡함에도 사람들은 서울로 몰린다. 혜택마저도 서울에 집중되어 있기 때문일 것이다. 팔당호를 비롯한 한강 상류 지역의 주민들은 서울 시민들의 상수원 보호를 위해 규제를 받고 있다.

이 기형적인 불균형의 원인을 한 마디로 꼬집어내기는 어렵다 할지라도 서울 시민의 이기심이 그것을 거들었다는 사실만은 부인하기 어려울 것이다. 국토의 균형적인 발전을 위해 정부를 분산시키려는 시도로 촉발되었던 분란은 결국 헌법재판소에서 '관습법적으로 수도는 서울'이라는 웃을 수도 없는 평결로 마무리되었다. 서울 시민은 서울에 있어야 교육적, 문화적 혜택도 받을 수 있다는 이기심을 보이며, 집값이 오르면 자신의 재산이 늘어난다는 착각 속에서 빈한한 생활을 마다하지 않는다. 그렇지만 그들이 언제부터 서울 시민이었을까? 서울 시민이 되는 순간 그들은 문을 걸어 잠그고 배타적이 된다. 왜 자신의 고향을 자랑스러운 문화의 공간으로 만들려는 시도는 하지 않는 것일까? 미국에서 외국 출신의 코미디언으로 미국의 폐쇄성을 조롱하던 사람이 영주권을 받자마자 했다는 대사가 생각난다. "난 외국인이 싫어."

부끄러운 일

우리나라 중고교 현행 사회과 교육의 중요한 문제점 가운데 하나는 수업 시수가 적은데 가르치고 배워야 할 것은 많아 교과서에 거의 전적으로 의존하면서 수업을 때워나가야 한다는 사실이다. 실제로 교과서는 가장 표피적인 지식만을 전달하는 책이라서, 그것은 심화된 학습의 출발점을 제공하는 데 그쳐야 한다. 그런데 그 얕은 지식만을 전달하는 교과서에 맞춰 교육이 이루어지니, 학생들의 학력 수준 자체가 저하될 뿐 아니라 때로는 그릇된 지식으로 세상을 재단할 우려마저 생긴다. 국어, 영어, 수학만을 강조하며 사회 과목이나 과학 과목 같은 실체적 지식을 배우는 수업의 시수를 줄이고 있는 교과부의 정책은 백성을 우민으로 만들어 지배하기 쉽게 만들려는 술책의 일환이 아닌지 의심스럽다. 『자유론』에서 "국민을 유순한 도구로 만들기 위해 위축시키는 국가는 작은 인간으로는 위대한 일을 성취할 수 없다는 것을 알게 되리라"고 한 존 스튜어트 밀의 경구가 생각난다.

어쨌든 교과서 수준의 지식 때문에 오해할 여지가 있는 대표적인 인물 가운데 하나가 애덤 스미스다. 스미스는 『국부론』을 통해 자유시장경제의 원리를 확립해 자본주의에 이론적 기초를 제시한 18세기 영국의 경제학자로 알려져 있다. 근본적으로 그의 이론은 자본가들이 자유롭게 이윤을 추구하도록 국가가 방임하는 것이 전체적으로 국가의 이익에 도움이 된다는 것이다. 그렇게 방임하더라도 '보이지 않는 손'이 작용해 사적인 이윤추구가 공적인 혜택이 된다는 것이니, 오늘날 신자유주의를 신봉하는 사람들까지 그를 상징적인 아이콘으로 받아들인다.

그런데 이런 피상적인 지식으로는, 인간의 윤리가 기본적으로 동정심 위에 근거한다는 주장을 펼친 『도덕 감정론』의 저자로서 애덤 스미스를 결코 이해할 수 없다. 더구나 『국부론』에 대한 이해조차 반쪽의 이해일 수밖에 없다. 왜냐하면 스미스는 초기 자본주의 사회인 상업 사회가 등장하면서 생기는 사회적 문제를 명확하게 인식하면서, 그것을 해결하기 위해서는 정부의 개입과 같은 '보이는 손'도 필요하다고 언명했기 때문이다. 노동 분업의 결과 한 가지 단순 노동에만 의존하는 노동자는 무식쟁이와 바보가 될 수밖에 없다. 그렇게 전락한 사람들에게는 국가 유지에 필요한 어떤 덕성도 기대할 수 없게 되기 때문에, 정부는 어떤 비용을 들여서라도 그것을 막아야 한다는 것이다.

스미스의 그런 면모는 노동조합과 관련하여 『국부론』에 남긴 의미심장한 글로도 확인할 수 있다. "노동자들의 조합에 대해서는 빈번히

✎∿ **여성 노동자의 파업**(1912년)

매사추세츠 주의 도시 로렌스에서 있었던 여성 노동자들의 파업 모습이다. 열악한 공장 환경과 낮은 임금에 항의하면서 파업을 벌인 그들이 내세운 구호는 "우리는 빵을 원한다. 그러나 장미도 원한다"였다.

들어보지만, 주인들의 조합에 대해서는 들어본 적이 별로 없다. 그렇다고 주인들이 단결하지 않는다고 생각한다면 이 주제에 관해 세상 물정을 모르는 일이다. 주인들은 언제 어디서나 노동자들이 실제로 받아야 할 임금보다 높지 않기 위해 암묵적으로 일치단결한다. 주

제4장 __ 차별

139

인들의 단결을 위반하는 것은 어느 곳에서나 동료들에게 비난의 대상이다. 우리가 이것에 대해 들어보지 못한 이유는 이것이 평상적인 일이기 때문이다." 그는 덧붙인다. "노동자들이 단결하면 주인들은 공권력의 도움을 크게 소리내어 요청하는 일을 멈추지 않는다. 하인과 노동자와 날품팔이의 조합에 대해서는 엄격한 법의 집행이 가혹하게 시행된다."

2011년 1월 서울의 홍익대학교에서 환경미화원을 집단 해고하여 미화원들이 농성에 들어가는 사태가 발생했다. 학교 측은 해고를 단행한 용역업체의 문제이지 자신들이 개입할 사안이 아니라고 발뺌했다. 1912년 미국 매사추세츠 주의 로렌스라는 도시에서 여성 노동자들이 열악한 공장 환경과 낮은 임금에 항의하면서 파업을 벌였다. 그들이 내세운 구호는 "우리는 빵을 원한다. 그러나 장미도 원한다"는 것이었다. 생존권뿐 아니라 인간의 존엄성도 회복되어야 한다는 의미다. 남성 노동자들로 이루어진 미국노동연맹도 외면했지만, 그들은 탄압을 뿌리치고 결국 승리를 거뒀다. 그 '빵과 장미'의 사례에서 힘을 얻어가며, 김여진처럼 용기 있고 의식 있는 여배우의 도움을 받아가며 홍익대학교의 사태는 49일 만에 타결되었다.

그 일이 일어나고 있던 바로 그 시기에 내가 재직하고 있는 한국교원대학교에서도 청소하는 노동자들이 체불된 노임을 받기 위해 노동조합에 가입했다가 집단 해고를 통보받았다. 여기에서도 수도권 집중 현상은 마찬가지여서, 지방에 있는 학교에서 벌어지고 있는 문제에 대해서는 세간의 관심이 그다지 높지 않았다. 그렇지만 벌어진 일의 유형은 똑같았다. 학교 측에서는 그럴 수밖에 없는 여러 이유를 대며 항변하지만, 그 밑바닥에 자신들이 고용주로서 갖는 암묵적인 단결이 있음을 부인하기 어렵다. 정규직에 있는 직원들이 비정규직을 탄압한 사례로도 기록되어야 할 것이다. 장 자크 루소는 다수결의 원리를 천명하여 법과 주권이 어떻게 적용되어야 하는지 밝혔다. 그런 그에게도 법보다 중요한 것은 도덕과 교육이었다. 도덕과 교육의 기초공사가 튼튼해야 그 위에 법이 올바로 설 수 있다는 것이다. 법 규정을 들이대며 해고의 적법함과 불가피함을 주장하는 학교 측이 부끄러웠다. 교사양성기관이라서 더욱 부끄러웠다.

그때 교육대학원 수업을 진행하던 나는 현직 교사들인 대학원생들과 함께 농성장인 천막에 다녀왔다. 마침 칸트에 대해 수업하던 날이라서 '정언명령'을 실천에 옮기자고 했더니 모두가 따라나섰다. 아주머니 두 분이 지키고 계셨다. 사람이 없으면 천막을 철거할까봐 누군가가 지키고 있어야 한다는 것이었다. 학교 현장을 깨끗하게 하느라고 고생만 하셨던 그분들이 오히려 대학원생들에게 추운데 공부하느라 힘들겠다고 격려의 말을 건넸다. 바로 이런 게 사람들이 살아가는 참된 방식이 아닐까 생각한다. 대학의 관계자들이 그들에게 배워야 한다. 오래도록 일을 해온 학교에 누를 끼칠 수 없다고 판단하여 졸업식 며칠 전에 스스로 농성을 푼 그들은 아직도 일부만 복직이 된 상태다.

잔인한 인간

    요즈음의 동물 애호가들이 들으면 깜짝 놀랄 일이지만, 19세기 중엽까지 동물을 학대하며 즐기는 일이 유럽에서는 일종의 대중적인 스포츠로 지속되었다. 그중의 하나가 '오소리 잡기'였다. 이것이 벌어지는 장소는 대체로 공회당 앞마당이었다. 커다란 구멍을 파고는 사람들이 돈을 건다. 그런 다음 쇠사슬로 꼬리를 관통시켜 끌고온 오소리를 넣은 뒤 개들을 함께 넣는다. 오소리의 발톱과 이빨은 상당히 날카롭기 때문에 보통은 대여섯 마리의 개가 죽거나 심하게 상처를 입은 뒤에야 오소리가 굴복한다. 개와 오소리 모두에게 잔혹한 처사다.

    '황소 잡기'도 있었다. 오소리 잡기와 마찬가지로 황소와 개 사이에 싸움을 붙이는 것이다. 소 주인이 황소를 끌고 여러 마을을 돌아다닌다. 그 마을에서 누군가가 자신의 개를 그 황소와 싸움을 붙이고 싶다면 1실링을 낸다. 그리하여 싸움이 성사되면 황소를 잡아맨 밧줄을 말뚝에 묶어 고정시킨다. 싸움이 붙으면 개의 주인은 자신의 개가 받혀서 공중에 떠올랐다가 떨어질 때 다치지 않도록 긴 널판으로 받쳐주기도 한다. 말뚝 옆에는 소가 주둥이를 박고 있기에 충분한 크기의 구멍을 파놓기도 한다. 왜냐하면 경험이 있는 개들은 소에서 가장 민감하고 부드러운 부분인 그곳을 물려고 하기 때문이다. 싸움에 나선 황소의 상태는 비참하다. 항상 물려서 목과 등에는 상처투성이고, 그 상처에 새살이 돋다가 다시 물리기도 한다. '황소 잡기'가 있을 때면 폭도의 수준으로 바뀐 사람들을 진정시키기 위해 경찰이 파견될 정도였고, 그 비용이 한 해에 300파운드에 달했다고 한다.

'닭싸움'도 있었다. 18세기 초에 영국을 방문한 한 프랑스 여행자는 닭싸움에 대해 생생하게 묘사했다. "사용된 닭들은 특수 종자였다. 그 닭들은 크지만 다리는 짧고, 깃털은 별로 없으며, 벼슬도 없다. 한마디로 흉하게 생겼다. 그 닭들이 싸우는 무대는 조그만 원이다. 닭 한 마리가 먼저 올라오고 몇 초 동안 힘차게 으스댄다. 그런 뒤 그 닭을 거두고 다른 닭을 무대에 올린다. 판돈이 걸리면 처음 닭이 무대의 다른 끝에 올라온다. 은으로 된 날카로운 발톱을 단 닭들은 즉시 적에게 달려가 맹렬하게 싸운다. 이 작은 동물들의 투지와 힘과 용기는 놀랄 정도다. 그들은 하나가 죽기 전까지 결코 중단하지 않는다. 사람들의 함성도 대단해서 고함을 치지 않는 한 이야기를 할 수 없을 정도다. 승부가 날 때까지 닭들은 한 시간 이상을 맹렬하게 싸우기도 한다."

닭들에 가해진 비참한 운명은 닭싸움만이 아니었다. '닭 던지기'라는 이름의 놀이도 있었는데, 이것은 닭을 던지는 것이 아니라 닭에게

∽ **구제역으로 매몰되는 돼지들**(사진 제공: 연합뉴스)
구제역의 초동 대처에 실패해 수백만의 무고한 동물이 도륙되고
매몰되었다. 구제역 청정국 유지라는 명분 속에 동물의 생명권은
무참하게 짓밟혔고, 경제적으로도 엄청난 손실을 감수해야 했다.

막대기와 같은 것을 던지는 놀이다. 이것은 잔인한 놀이이고 따라서 중단시키려는 노력이 있었지만 18세기 말까지 사라지지 않았다. 닭의 다리에 긴 끈을 묶고 못으로 바닥에 고정시킨다. 2페니를 낸 사람이 20미터의 거리에서 빗자루를 세 번 던진다. 닭이 맞고 쓰러졌다가 일어나기 전에 던진 사람이 그 닭을 붙잡으면 그 사람이 닭을 갖는다. 잘 훈련된 닭은 빗자루를 잘 피해 주인에게 돈을 벌어주기도 했다.

유럽인들에게 즐거움을 주기 위해 희생당한 동물 중에는 거위도 있다. 닭 던지기는 보통 부활절 이전의 축제 기간에 벌어졌지만, '거위 타기'는 계절의 구분 없이 벌어졌다. 이 놀이는 이렇게 벌어졌다. 두 개의 튼튼한 기둥 사이에 질긴 줄을 묶어 건다. 목에 기름칠을 한 거위의 다리를 묶어놓은 줄에 매단다. 그런 다음 참가자들이 전속력으로 달려와 위로 다리가 묶인 거위의 목을 잡고 늘어진다. 목적은 거위의 목을 몸에서 분리시키는 것이다.

19세기 중엽까지 유럽 도처에서 벌어졌던 동물에 대한 잔혹 행위 가운데 극히 일부분이다. 문화상대주의에 대한 약간의 고려도 없이 개고기를 먹는 식습관에 대해 프랑스의 여배우 브리지트 바르도를 비롯한 많은 서양 사람들이 원색적인 비난을 퍼부었다. 어떤 이는 한국의 왕가가 수명이 짧고 기형이 많다는 것이 개고기 때문이라는 놀랄 만한 주장까지 펼쳤다. 그들의 역사와 문화도 그다지 고상하지는 못했다고 그들에게 들려주고 싶었던 이야기들이었다. 저 야만적 행위들은 과거의 일일 뿐이고 오늘날에는 폐지되었다고 그들이 항변할지라도, 오늘날까지 이어지는 야만도 있다. 거위를 움직이지 못하게 가둬놓고 먹이만 줘서 만든 지방간을 먹는 푸아그라나 에스파냐 인들이 열광하는 투우는 문화이고 개고기는 야만이라는 유럽중심적인 이 분법은 어떻게 설명할 것인가?

그런데 이제는 그들의 주장을 더는 반박할 수 없겠다. 구제역의 피해를 본 경험도 어느 정도 쌓여 이제는 대처 방법도 발전했을 텐데 정부에서는 초동 대처에 실패하여 피해 규모를 엄청나게 키우는 능력을 보였다. 이어지는 안일한 행정으로 수백만의 무고한 동물이 도륙되고 매몰되었다. 그 매몰의 참상을 수행했던 사람들은 죄의식에 신음할 수밖에 없었고, 죽어가면서도 새끼에 젖을 먹이려는 짐승을 본 사람들은 오열했다. 그런데도 관련된 부처마다 궁색한 책임 회피에 바쁘다. 자신들의 몫으로 돌아가야 할 책임은 인정하지 않은 채 무고한 동남아 출신의 외국인들을 오염원으로 지목했다. 그 사이에 선량한 이웃 사이였던 축산 농가 사람들은 철천지원수가 되어 서로를 헐뜯는다. 구제역 청정국 유지라는 명분 속에 동물의 생명권은 무참하게 짓밟혔고, 경제적으로도 엄청난 손실을 감수해야 했다. 미국산 쇠고기의 수입도 늘어났으니 음모론까지 생겨난다.

이제 죽은 동물들의 복수가 시작되어 침출수로 인한 피해가 눈앞에 보이는 듯한데, 문제는 지금까지 피해를 봐왔던 바로 그 사람들이 계속 그 고통을 감내해야 한다는 사실이다. 이 제도적인 야만 앞에 유럽인들의 저까짓 개인적 도락쯤이야 뭐가 그리 큰일이겠는가.

제5장

배신

가장 깊은 지옥

단테, 레오나르도, 미켈란젤로, 라파엘로, 갈
릴레오. 이 명칭들의 공통점은 무엇일까? 성을 빼고 이름만 말해도
대다수 사람들이 알아듣는 영광스러운 이탈리아 사람들이다. 보통 서
양에서는 이름이 앞에 나오고 성이 뒤따르며, 일반적으로 어떤 사람
을 지칭할 때에는 성을 쓰는 것이 관례다. 그런데 저 사람들은 이름만
으로도 세계적으로 널리 알려져 추앙받고 있다. 오히려 성은 잘 알려
져 있지 않다. 그 선두에 단테가 있다. 원래 이름은 두란테 델리 알리
기에리지만, 단테라는 이름으로 더 잘 알려져 있다. 단테가 그렇게 추
앙받는 데는 이유가 있다. 단테는 시민들이 황제파인 기벨린당과 교
황파인 겔프당으로 분열되었고, 다시 겔프당에도 내분이 있어 정치적
이해관계가 복잡하게 얽혀 있던 피렌체에서 정치에 깊이 간여하여
활동했다. 그 복잡한 피렌체 내부의 사정 때문에 그는 고향을 떠나 유
배 상태에서 21년을 보내고 삶을 마감해야 했다. 그렇지만 정치 활동

보다는 시인으로서 업적 때문에 사람들은 그를 숭배한다. 이탈리아에서 '최고의 시인' 또는 수식어가 없이 '시인'이라고 말하면 그것은 바로 단테를 가리킨다.

보통 단테의 탄생 연도는 1265년으로 알려져 있지만, 그것은 추정에 불과하다. 그 추정은 『신곡』의 「지옥」 편에서 지옥으로의 가상 여행을 떠났을 때가 "인생 여정의 절반을 지났을 때"라고 한 언급에서 비롯되었다. 성서에서는 인간의 평균 수명이 70세라 했다. 그 절반을 지났으니 1300년 단테가 『신곡』을 쓸 무렵의 나이가 35세라고 계산하여 출생 연도를 1265년으로 소급한 것이다. 라틴어로 글을 쓰는 것이 관행이던 당시 그는 토스카나 토속어를 바탕으로 라틴어와 다른 지방의 사투리를 섞어서 '이탈리아어'라는 합성어를 만들어 시를 썼다. 그 결과 성직자와 평신도 모두가 읽을 수 있는 이탈리아어가 탄생했고, 따라서 프랑스 사람들이 이탈리아어를 '단테의 언어'라고 말하는 것도 무리가 아니다. 이탈리아 르네상스 특징 중 하나가 토속어로 글을 썼다는 것이니, 그가 르네상스의 원조였다고 볼 수도 있다.

단테는 아홉 살 소년의 나이에 처음 본 베아트리체 포르티나리에게 평생토록 지순한 사랑을 바친 일로도 유명하다. 성당에서 한 살 아래의 그 소녀를 한 번 본 단테는 "마음속에 그려오던 눈부시게 아름다운 여인이 내 앞에 나타났다"고 적었다. 그렇지만 말도 붙이지 못하고 가슴만 앓던 그는 당시의 조혼 풍습에 따라 열두 살 때 다른 여성과 결혼했다. 단테는 열여덟이 되던 해에 베아트리체를 다시 우연히 만나 겨우 몇 마디 대화를 주고받았다. 단테는 베아트리체에게서 육체적인 사랑을 구한 것이 아니었다. 그는 자신의 영혼이 몰두할 수 있

〰️ 〈지옥의 단테와 베르길리우스〉(윌리앙 아돌프 부그로, 1850년)
일인칭 시점으로 서술된 『신곡』에서 단테는, 지옥과 연옥에서는 로
마의 시인 베르길리우스의 안내를, 천국에서는 베아트리체의 인도
를 받는다.

는 최고선의 대상으로 베아트리체를 봤다. 단테는 아내에 대해서는 자신의 작품에서 언급한 적이 없지만, 다시 만난 뒤 2년 뒤에 죽은 베아트리체에 대한 연모의 정은 결코 사라지지 않았다. 그것은 『새로운 삶』이라는 책을 통해서 표현되었다. 그뿐 아니라 베아트리체는 단테의 최고 걸작 『신곡』에서도 나타나 단테의 방황과 죄를 꾸짖으며 천국으로 인도하는 역할을 한다.

단테의 가장 큰 명성은 『신곡』에서 비롯한다. 『신곡』은 중세의 세계관을 실감나게 보여주면서 그를 이탈리아에 국한되지 않은 세계의 문호로 격상시킨다. 총 14,233행에 이르는 『신곡』은 일인칭의 시점으로 씌었고, 1300년 부활절을 전후한 봄날에 죽은 사람들의 세 영역인 '지옥', '연옥', '천국'을 방문했던 여정을 이야기한다. 이 서사시에서 단테는, 지옥과 연옥에서는 로마의 시인 베르길리우스의 안내를, 천국에서는 구원의 여인 베아트리체의 인도를 받는다. 이 대작에는 단테 자신의 유배 생활에 대한 예견과 정치적 견해와 그의 정적에 대한 저주가 담겨 있기도 하다.

「지옥」에서는 죄에 대해 이야기한다. 가톨릭교회의 교리에서 죄를 지은 자들이 속죄하고 천국에 갈 준비를 하는 장소인 「연옥」에서는 죗값에 대해 말한다. 「지옥」과 「연옥」에서는 죄를 종류에 따라 분류하는 반면, 「천국」에서는 덕성을 네 가지 기본적인 덕성과 세 가지 신학적 덕성으로 나눈다. 「지옥」과 「연옥」과 「천국」은 모두 '스텔레 stelle', 즉 '별'이라는 단어로 끝을 맺는다. 「지옥」에서는 실제로 이루어진 행동에 근거하여 죄를 분류한 반면, 「연옥」에서는 그 동기를 고려하여 분류한다. 바꾸어 말해 「지옥」이 서양 고대의 고전을 전거로 하

제5장 __ 똬신

151

고 있다면, 「연옥」은 크리스트교 신학에 바탕을 두고 있다는 것이다.

연옥에 대한 묘사의 주조는 서정적이고, 천국에 대한 묘사는 신학적이라고 말할 수 있다. 그와 비교할 때 지옥의 모습은 눈앞에 보이는 듯 가장 생생하다. 지옥에도 급수가 있어 아홉 단계로 나뉜다. 천국에 들어갈 자격이 없는 선한 이교도들이 가장 낮은 곳에 있고, 죄가 무거운 자들일수록 더 깊은 곳에 위치한다. 색욕에 빠진 사람들, 탐식자들, 방탕자들, 분노에 빠진 자들, 이단자들, 광폭한 자들이 각기 다음 단계를 차지한다. 그들보다 더 깊은 곳에서 탐관오리, 사기꾼, 친족과 조국의 배신자들이 지옥 마왕의 앞잡이 노릇을 한다.

신뢰를 보내준 친족들, 배려해준 은인들, 자신이 태어난 조국 등을 배신한 자들은 빛과 온기로부터 가장 멀리 떨어진 구렁텅이 속에 갇혀 있다. 얼굴은 밖을 향하지만 눈과 입은 닫힌 채, 깊은 얼음 속에 잠겨 있다. 자신의 죄를 끝없이 한탄하나 소용이 없다.

역사란 무엇인가?

'역사'라는 단어는 과거 사람들의 삶 자체를 가리키기도 하고 그것에 대한 기록을 지칭하기도 한다. 너무도 단순 명확한 사실이지만, 때로는 그 구분이 모호해져 역사 또는 역사학에 대해 정의를 내리기가 쉽지는 않다. 사람들은 태곳적부터 자신의 삶의 흔적을 남겼다. 동굴 벽화와 같은 것으로 역사학자나 고고학자는 옛 사람들의 생활 방식을 추정한다. 인간이 문자를 사용하기 시작한 뒤로는 글로 된 기록이 그들의 역사를 복원시키기 위한 가장 중요한 수단이 되었다. 그러니 기록으로서 역사 자체는 문자의 역사와 비슷하게 아주 오래 전부터 존재했지만, 역사학이 학문의 지위를 부여받은 것은 기껏해야 150년 정도밖에 되지 않는다. 돌려 말하면, 역사학의 아버지라 불리는 헤로도토스가 『역사』를 집필한 기원전 5세기를 기점으로 잡는다고 하여도 무려 2,300년 남짓을 기다려서야 겨우 역사학이 무엇을, 왜, 어떻게 연구하는지 밝혀져 오늘날까지 이어지고 있는 것이다.

역사학파로 알려져 있는 독일의 역사철학자들이 그 일을 맡았다. 그들이 그 일을 추진한 이유 가운데 하나는 특히 프랑스를 중심으로 퍼져나가던 실증주의의 확산을 막으려는 것이었다. 산업혁명은 과학기술이 발전하면 사람들의 삶이 풍요롭게 되리라는 기대를 어느 정도 충족시켜줬다. 오귀스트 콩트로 대표되는 실증주의는 그러한 기대가 만연해 있던 시대의 정신을 반영하는 철학이다. 실증주의자들은 인간 사회나 인간 역사의 문제들조차도 자연과학의 방법을 이용하여 연구한다면 해결될 수 있으리라고 믿었던 단순한 낙관론자들이었다. 이를테면, 인간 사회에서도 자연 세계에 통용되는 운동의 법칙과 비슷한 공식을 찾아 그것을 대입하면 문제가 해결되리라고 본 것이다. 그러니 이들의 방법은 법칙을 정립하고, 그것에 맞춰 인간 사회의 변수를 수치로 계량화시킨다는 특징을 갖고 있다.

독일의 역사주의자들은 그것에 반기를 들었다. 자연과학에서 연구 대상은 계량적으로 객관화시킬 수 있다. 그러나 역사학의 연구 대상인 인간 개인과 그들의 사회는? 인간의 감정이나 도덕을 수치로 나타낼 수 있을까? 역사주의자들이 한 일은 역사학이 특히 자연과학과 왜 어떻게 다른지 밝히는 것이었다. 그들을 통해 역사학의 존재 이유, 대상, 목적, 서술 방식 등에 대한 합의가 이루어져 오늘날까지 이어진다. 그중에서도 특히 빌헬름 딜타이는 역사학이 자연과학과 달리 정신과학의 위치를 가진다고 주장했다. 그 이유는 역사학은 '의미'가 담겨 있는 사람들의 삶을 다루기 때문이다. 우리는 감정이입을 통해 다른 사람의 심정을 '이해'함으로써 그들의 삶을 추체험할 수 있고, 그

〰️ 「**역사란 무엇인가?** What is History?」
의 한글 번역본 표지 (사진 제공: 까치글방)
크로체, 콜링우드, 카 등은 역사학에 가치와
의미가 개입될 수밖에 없다는 리케르트 등
의 논지를 더욱 섬세하고 강력하게 다듬어
왔다.

렇게 함으로써 그 의미를 파악할 수 있다. 예컨대 우리는 시간적 공간
적으로 우리와 동떨어진 사람들의 삶을 이해할 수 있다. 그렇지만 벼
락 맞은 나무의 심정을 이해할 수는 없다. 그 자연 현상에 대해서는
'설명'할 뿐이다. 또한 하인리히 리케르트라는 역사철학자는 역사학
을 문화과학으로 분류했다. 역사학의 대상인 과거의 사실은 무수히
많기 때문에 역사가는 불가피하게 선택하여 서술해야 한다. 어떤 것
을 선택하는가? 그 기준이 '가치'라고 리케르트는 주장했다. 역사학
에는 가치가 개입될 수밖에 없기 때문에 그것이 배제된 자연과학과
달리 역사학은 문화과학이라고 주장한 것이다. 이후 크로체, 콜링우

드, 카처럼 20세기의 역사철학을 대표하는 대가들은 역사학에 가치와 의미가 개입될 수밖에 없다는 이들의 논지를 더욱 섬세하고 강력하게 다듬어왔다.

그런데 간혹 역사학에서 가치를 빼고 보자고 주장하는 사람들이 나타난다. 잘 알려져 있듯 빅토리아 여왕 시대 영국은 '해가 지지 않는 나라'라고 불릴 정도로 해외 식민지를 도처에 건설하여 제국주의 시대를 대표하는 국가였다. 그런데 로널드 로빈슨과 존 갤러거라는 역사가들은 당시 영국의 정책의 목적이 공식적인 제국 건설이 아니었고, 단지 상황의 변화가 그렇게 만들었다고 주장했다. 아니, 목적이 없었는데 제국이 건설되었다고? 당시 영국의 국력을 과시하기 위해 만국박람회를 열기까지 했던 것은 무슨 일인가? 그들은 자신들의 주장을 세세한 숫자로 증명하려 한다. 영국의 제국주의는 당시 경쟁국들에 비해 가혹하지 않았음을 보이는 수치라든가, 식민지에서 협력했던 사람들과 관련된 통계와 같은 것으로 구차하게 자신들의 주장을 보완하려 한다. 게다가 데이비스 필드하우스라는 역사가는 제국주의란 근대화가 되어가는 불가피한 과정이니 도덕을 빼고 보자고 제시한다.

이들의 주장은 어느 정도 수긍이 간다. 그 논지에 찬동하겠다는 것이 아니다. 오히려 그들의 주장은 제국주의가 결코 도덕을 제외하고는 말할 수 없는 문제임을 시사해주고 있기에 수긍한다는 것이다. 도덕을 빼고 보자는 주장의 근저에는 영국민으로서 자신들의 제국주의적 과거의 과오에 대한 인정이 깔려 있다고 보이는 것이다. 그렇지 않으면 왜 도덕을 빼고 보자고 할까? 제국주의를 수행했던 국가의 국민으로서 양심의 가책을 회피하려는 방법이 역사를 수치 놀음으로 환원시키는 것으로 나타난 것으로 보인다.

　그런데 우리나라에서도 역사학에서 가치를 빼고 보자는 사람들이 있다. 그 전제에 동의를 해준 바가 없는데, 스스로 그 전제에 맞추어 논리를 펼치는 그들 역시 역사를 숫자 놀음으로 바꿔 일제 강점기가 우리나라를 근대화시켰다고 오도한다. 단순한 예를 들어보자. 도적이 침입하여 내 집에서 나를 내쫓고 구박하고, 자신이 살면서 스스로 편하자고 시설을 갖춰놓았다. 그러다가 공권력에 의해 내가 집을 되찾았다. 좋은 시설 갖춰줬다고 그 도적에게 감사하라고 말하는 것이 제대로 정신이 박힌 사람들이 할 수 있는 얘기인가? 어떻게 도달한 역사학의 정체성인데, 가치를 버리라고 요구하는 무례함이라니. 그들에겐 '뉴'라는 말을 붙이기도 민망하다. 어떻게 이름을 바꿔도 그들의 원초적 무례함은 변함이 없다.

마이 올드 켄터키 홈

"켄터키 옛집에 햇빛 비치어 젊은 날 검둥이 시절. 저 새는 긴 날을 노래 부를 때 옥수수는 벌써 익었다." 우리나라 음악 교과서에 실리기까지 했던 노래 〈마이 올드 켄터키 홈〉에 나오는 가사다. 가사로만 본다면 최소한 이 노래의 작사자는 흑인 노예 출신으로 노예제가 시행되어 백인 상전을 모시던 그 시절을 그리워하는 것처럼 보인다. 그렇지만 실상 이 노래를 만든 스티븐 콜린스 포스터는 백인이다. 그는 〈오 수사나〉, 〈올드 블랙 조〉 등 미국 남부를 묘사한 곡을 많이 썼지만, 사실은 북부의 펜실베이니아 출신으로 남부에는 신혼여행 때 페리 호를 타고 한번 다녀간 것이 고작이었다. 포스터는 "교양 높은 사람들의 취향에 맞는 곡"을 만들고자 했다고 밝힌 바가 있었으니, 이 곡은 남북전쟁 당시 미국 백인들의 전반적인 정서를 대변한다고 말해도 무방하다.

아직까지도 미국의 흑인 노예제는, 건전하게 생각하는 미국 백인

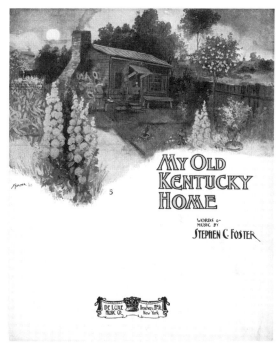

〰️ 〈마이 올드 캔터키 홈〉의 악보 표지
포스터는 "교양 높은 사람들의 취향에 맞는 곡"을
만들고자 했다고 밝힌 바가 있었으니, 이 곡은 남
북전쟁 당시 백인들의 전반적인 정서를 대변한다
고 말해도 무방하다.

들의 가슴 속에 커다란 부담으로 남아 있다. 거의 모든 나라에서 인권
문제를 들어 노예제를 폐지할 때 미국은 문명국을 자처하면서도 노
예제를 지속시켰고 그것으로 말미암아 국가가 분열되어 전쟁까지 벌
였으니 말이다. 목화밭에서 일할 일손을 흑인의 노동력으로 대체하기
위해 노예제를 지속시킨 남부 백인 지주들의 경제적 이윤 추구가 남
북전쟁의 중요한 이유가 되었다는 사실을 부인하긴 어려울 것이다.

그런 이유에서 특히 남부 출신의 역사가들은 노예제를 합리화시키는 여러 논리를 개발했다. 물론 지금은 그런 주장에 근거가 없다는 것이 밝혀지고 있지만, 아직도 많은 사람들이 그것을 사실로 믿고 있다는 것이 더 큰 문제다.

노예제의 당위성을 논하는 한 가지 논리는 미국 남부의 땅은 백인들의 힘으로만 경작하기에는 너무도 넓고, 그곳의 더운 기후와 풍토병에 백인들은 저항력이 없는 반면 아프리카 출신의 흑인들은 그것에 잘 대처하기 때문에 노예의 노동력을 이용했다는 것이다. 그 주장의 허구성은 노예제가 도입되기 이전에도 미국 남부의 농장은 백인들에 의해 경영되었고, 노예제가 폐지된 이후에도 그 농장이 계속 유지되었다는 사실로 입증된다. 더구나 미국 남부의 습지에서는 흑인들 역시 백인들이나 마찬가지로 저항력이 없었다는 것이 새롭게 밝혀지고 있는 사실이다.

또 하나의 논리는 흑인들이 인종적으로 열등한 야만인이라서 교화시켜야 하며, 노예 농장은 그들을 '계몽'시키는 학교의 역할을 했다는 것이다. 당시의 사회학자, 인류학자, 심리학자들이 흑인들이 천성적으로 열등하다는 증거를 제시함으로써 이런 인종적 편견을 거들었다. 노예 농장이 학교였다면 채찍은 가르침의 매질이었던가? 어처구니없는 또 다른 논리 하나는 흑인들이 다른 인종과 달리 속박을 받아들이는 속성을 갖고 있기 때문에 노예가 되었다는 것이다. 물론 이것은 아프리카의 해안과 숲 속에서 노예 상인들에게 강제로 끌려온 이들에게 오히려 노예제의 원인을 제공했다는 누명을 씌우려는 의도다. 어디에선가 많이 봤던 논리다. 우리 역시 일본의 지배를 받을 당시 한국인에게는 노예근성이 있어 민족성이 개조되어야 한다는 오명을 뒤집어쓴 일이 있지 않았던가? 최소한 우리의 음악 교과서에서는 저 노래가 사라져야 할 이유다.

일본이 오늘날 경제 대국임에도 불구하고 국제 사회에서 비난을 받는 이유가 있다. 과거의 역사를 되돌아보며 반성을 보이는 기색이 없기 때문이다. 우리가 과거의 역사에서 받았던 부당한 처우에 대한 기억의 앙금이 남아 더욱 민감한 반응을 보이는 것 때문만은 아니다. 현재를 살아가며 동반자로서 나아가려면 최소한 과거의 잘못에 대해 시인하며 사과하는 자세를 보여야 한다. 그러나 그들은 멀쩡하게 증인들이 남아 있는 과거에 대해서도 부인하며 오히려 그들에게 더 큰 상처를 주고 있다. 어린 나이에 성노리개로 징발되어 한 평생 상처를 안고 살아가는 분들에게 그들은 돈을 벌기 위해 자발적으로 갔다는 망언을 틈틈이 늘어놓는다. 잊힐 때쯤 되면 신사참배와 독도 영유권에 대한 도를 넘는 주장이 펼쳐진다. 아마 일본 국내 보수 세력의 결집을 위한 몸짓에 불과할지 몰라도, 국제적인 관계를 평등하게 선도해야 할 나라가 취해야 할 태도는 결코 아니다.

그와 비교한다면 과거의 역사에 대해 독일이 택한 자세는 바람직하다. 독일은 양차대전의 주범이었다는 역사의 부담을 안고 있다. 특히 유대인을 비롯한 소수 인종의 학살은 독일 국민 모두의 양심에 그늘을 드리우는 사건이었다. 그 홀로코스트에 대한 최초의 역사적 설명은 그것을 히틀러라는 악마 같은 개인의 탓으로 돌림으로써 그 가책에서 벗어나려는 것이었다. 그러나 점차 독일의 역사가들은 자신들의 과오를 인정했다. 출발점은 에카르트 케어의 논문 「전투함대 건조와 정당정치」였다. 독일제국 기업가들의 경제적 이윤 추구와 군부의 정책이 밀접하게 뒤얽혀 있음을 드러내, 나치의 등장이 결코 우발적인 것이 아니었음을 파헤친 것이다. 그 정신을 이어받아 한스울리히 벨러는 군국주의의 성장이 독일의 역사 속에 구조적으로 자리 잡을 수밖에 없었던 정황을 설명했다. 오늘날 일상생활의 역사를 추구하는 독일의 역사가들은 더 나아가 히틀러의 등장에 대해 독일 국민 대다수가 책임을 져야 한다고 주장한다. 1936년의 베를린 올림픽이 암시하듯 독일인의 우수성을 과시하기 위한 스포츠 행사나 새로 건설한 야외 공원과 같은 시설이 주는 즐거움에 파묻혀 독일 국민들이 나치의 등장이라는 사태를 방조했기 때문이라는 것이다.

이렇듯 책임을 용감하게 받아들이려는 자세는 빌리 브란트 총리 이후 독일의 총리들마다 취임하면서 유대인에게 진심으로 사죄하는 것으로 이어졌다. 피해국들도 그 진정성을 받아들여 용서했고, 이제는 협력의 관계가 이루어지고 있다. 그에 비하면 일본은 교과서를 통해 역사를 왜곡시키려는 시도를 계속하고 있고, 과거의 잘못을 인정하려는 양심적인 역사 서술을 '자학사관'이라고까지 비하한다. 하긴 우리나라의 정치계, 학계, 언론계, 연예계에도 그들의 논조에 찬동하는 이들이 소리를 높이고 있는 현실이니, 그들 보기엔 자국에서 나오는 그런 주장이 자학 같을 것이다. 그런데 식민지 경험을 겪었던 나라에서 이렇게 제국주의 국가를 옹호해주는 경우가 있을까? 참으로 이상한 사람들이 사는 이상한 나라다.

국왕의 두 신체

　　　　　20세기 초 독일에는 슈테판 게오르게라는 카
리스마 넘치는 시인이 있었다. 그는 예언을 하기도 했다. 1914년 제
1차 세계대전이 발발했을 무렵 그는 독일이 비참한 종말을 맞을 것
이라 예언했고, 1916년에 이르기까지 「전쟁」이라는 염세주의적 시를
썼다. 전쟁은 그가 예견한 최악의 상황을 연출하며 종결되었다. 부르
주아 문화를 경멸하고 문화적 가치를 존중하던 그의 주위에 젊은 문
학 동호인들이 모여들어 게오르게 집단이라는 것이 만들어졌다. 그들
은 게오르게를 추종하던 배타적 엘리트 집단으로 '비밀스런 독일'을
추구했다. 비밀스런 독일이란 국수주의로 보일 수 있을 정도로 독일
역사 속의 위대한 인물이나 영웅을 찾아내 찬양하는 것을 말했다.

　　나치에서 게오르게와 그의 제자들을 접촉하려 했다. 그의 일부 제
자들은 나치에 협력했지만 그는 거리를 뒀다. 1933년 나치가 정권을
잡은 뒤 요제프 괴벨스가 그에게 새로운 예술 학교의 총장직을 제의

했지만 거절했고, 65세 생일을 축하해주려 하자 그것을 피해 스위스로 여행했다. 그는 나치의 집권은 자신의 이상이 소름끼치는 방식으로 실현된 우화일 뿐이라고 경멸했다. 그는 스위스의 로카르노 부근에서 사망했다. 그의 시체는 서둘러 매장했는데, 그 이유는 나치 정부에서 파견한 조문객들이 오기 전에 장례식을 끝내기 위해서였다. 그런데도 그는 나치의 인종주의를 도왔다는 오해를 받기도 한다.

게오르게 집단에는 에른스트 칸토로비치라는 유대인 역사가가 있었다. 독일의 영웅과 위인을 찬양하던 그 집단의 성격에 맞춰 그는 13세기 신성로마제국 호엔슈타우펜 가문의 황제 프리드리히에 대한 전기 『카이저 프리드리히 2세』를 썼다. 1927년에 출간된 그 책은 당시에 상당히 큰 독자층을 확보하면서 논쟁을 일으키기도 했다. 그렇지만 그는 1957년에 출간된 『국왕의 두 신체』란 책으로 학계에 가장 크게 기여했다. '국왕의 두 신체'란 문구 자체가 중세 신학과 근대 국가 탄생 사이의 관련을 설명하는 한 개념으로 자리 잡을 만큼 그 책은 학계에서 중요성을 인정받는다. 간략히 말해, 국왕은 다른 인간들처럼 고통을 느끼고 사멸하는 자연적인 신체를 갖는 것은 물론 영적인 신체도 보유한다는 것이다. 영적인 신체는 세속적이고 자연적인 인간의 속성을 초월하는 왕위의 상징으로서 백성을 다스리는 신성한 권한을 지속시킨다. "왕은 죽었다. 왕이여, 영원하시라!"라는 짧은 문구에서 앞의 왕이 자연적 신체라면, 뒤의 왕은 영적인 신체를 뜻한다.

이 개념은 왕이 개인적인 악행을 저질렀더라도 왕의 직책은 신성한 것이니 그를 처벌할 수 없다는 근거로 흔히 사용되었다. 또한, 세습을 통해 왕위가 이어지더라도 왕의 직책 자체가 신성한 것이니 왕권은 존중받아야 한다. 따라서 절대주의 왕국이 존립할 근거가 되기도 했다. 반면, 이론이란 양날을 가져 자신을 향한 비수로 되돌아올 수도 있는 법이다. 영국에서 청교도혁명 와중에 찰스 1세를 처형했을 때, 혁명파에서는 신성한 왕의 직위를 보존하기 위해 개인적으로 사악한 국왕을 제거한다는 논지를 내세웠던 것이다.

칸토로비치는 나치 집권 당시 인종 차별을 피해 미국으로 이주했다. 캘리포니아 대학교 버클리 분교에서는 매카시즘이 휩쓸 때 충성서약의 서명을 거부했다. 그 결과 불가피하게 프린스턴 대학교로 자리를 옮겨야 했다. 그럼에도 그의 정체성과 관련된 논란이 지속된다. 노먼 캔터라는 캐나다의 저명한 중세사가가 그의 지적 기질과 문화적 가치관이 나치와 같다고 비판했기 때문이다. 캔터는 나치당에 가입했던 중세사가 에른스트 슈람과 칸토로비치를 비교하며, 칸토로비치는 유대인인 것만 제외하면 나치나 다름없다고까지 말했다. 젊었을 때 우익 민병대에 가입하여 좌익에 대항해 무기를 들었고, 신비주의적이고 국수주의의 기질이 농후한 시인 슈테판 게오르게의 추종 집단에 가입하여 행동했던 전력 때문일 것이다. 칸토로비치의 옹호자들은 비록 그가 젊었을 때 게오르게 집단의 낭만적 국수주의에 경도되었던 적이 있다 할지라도, 나치에 대해서는 경멸을 보냈고 히틀러 체제에 대해서는 비판의 목소리를 높였다고 주장한다.

개과천선을 했어도 전력이 문제되는데, 변절을 한 정치가들이 득세하는 이곳의 풍토는 어디에서 왔을까? 학생운동과 노동운동을 통해 정계에 입문한 사람들이 있다. 고용주 측에 맞서 노동자들의 권익을 보장하고 노동환경을 개선하려고 함께 싸웠던 사람들은 아마도

민주화운동에 앞장섰던 그들이 정치판에 들어가 노동자들의 처우를 실질적으로 향상시키고 민주화의 기틀을 다지리라는 기대를 갖고 그들의 정치 행보를 주시했을 것이다. 그러나 사회주의 사상을 갖고 활동했던 이가 특임장관이 되어 노동자에게 가장 핍박을 주는 정부를 보필하며 4대강 사업의 당위성을 전도했다. 학생운동, 노동운동의 대부로 온갖 시위를 이끌며 존경을 받았던 이가 도지사가 되어 독재자들의 동상을 세우자고 소리 높인다. 노동현장에서 평생 반려자를 만나 굳은 신념과 의지로 노동운동을 이끌었던 이가 여당의 대변인이

되어 국가보안법을 위반한 교수의 체포가 당연하다는 말을 하고 있다.

인간적인 신뢰는 물론 정치 윤리마저 내팽개친 그들의 지지 기반은 어디에 있는 것일까? 완벽하게 자신의 과거를 부정한 그들이기에, 그 옛날의 화려했던 행적들이 단지 그만큼의 가식으로 남아 있을 뿐이다. 눈앞의 이익만을 쫓는 그들이 득세하는 것을 보면, 선거철마다 공천권을 따라 당적을 옮기는 철새들의 행보마저 이해가 간다. 그러나 어찌 되었든 그들에 대한 가장 준엄한 심판은 바로 표일지니, 유권자들이 진정 나라를 위할 일꾼을 뽑을 혜안을 갖게 되기를.

꽃들은 어디로

　　　　　　〈꽃들은 모두 어디로 갔는가?Where Have All The Flowers Gone?〉라는 노래를 듣게 된다면 한 조각 젊은 날의 추억을 떠올릴 중년층이 많을 것이다. 꽃은 소녀들이 꺾었고, 소녀들은 청년에게로 갔고, 청년은 군대로 갔고, 군인은 무덤으로 갔고, 무덤에선 또 꽃이 피고……. 순환하는 인생무상 속에 반전의 메시지를 담은 이 노래는 1960년대에 킹스턴 트리오, 조앤 바에즈, 자니 리버스 등 많은 포크 싱어들은 물론 전설의 여배우 마를레네 디트리히까지 불러 유명해졌다.

　　그런데 이 노래의 작곡자, 또는 최소한 채보자가 미국의 가수이자 작곡자이자 사회운동가인 피트 시거라는 사실은 잘 알려져 있지 않다. 그는 미국에서 라디오 방송이 전성을 누리던 1940년대부터 전국 네트워크의 단골 출연자로 왕성한 활동을 보였고, 1950년대 초에는 위버스라는 그룹에서 활동했다. 위버스의 멤버들은 매카시 시절 요주의 인물로 꼽혔다. 그 감시를 피하기 위해 연미복을 입고 노래를 부르기도 했고, 가사를 더 암시적으로 만들기도 했는데 어떤 이들은 그래서 노래의 메시지가 더 강렬해졌다고 평가하기도 한다. 1953년에 블랙리스트에 올라 라디오 방송에서 그들의 노래를 틀어주지 않았지만, 1955년 카네기 홀에서 열린 복귀 공연에서는 입장권이 매진되었다. 피트 시거는 1960년대에 국제적인 무장 해제와 인권과 환경 보호를 지지하는 시위의 노래를 불러 다시 대중의 사랑을 받았다. 〈우리는 이기리라〉라는 노래는 미국 민권운동을 대표하는 저항의 노래를 넘어 전 세계적으로 탄압에 맞서는 시위의 노래로 불렸다. 그 흑인 영가가 민중가로 거듭나도록 만드는 데 큰 몫을 한 것이 피트 시거의 맑고 청아한 목소리였다.

현재 아흔이 넘은 나이에도 활동하고 있는 그의 삶은 적극적인 인권운동과 노동조합운동과 환경운동으로 채워져 있다. 스페인 내전 때는 공화주의자들을 지지하는 노래를 만들어 불렀다. 월남전 당시에는 "제이 부인의 어린 아들 앨비의 귀에는 콩이 들었다"는 가사가 들어간 노래를 만들었다. 제이 부인의 아들 앨비라면 그의 이름은 '앨비 제이'다. 그것은 당시 미국 대통령 린든 존슨의 애칭인 '엘비제이LBJ'를 연상시키는데, 그의 귀에 콩이 들어 듣지를 못한다고 풍자한 것이다. 즉, 월남전 파병에 반대하는 목소리에 귀를 기울이지 않는다는 비판이었다. 그는 일생을 군비 축소를 위해 투쟁했고, 최근에는 멕시코 만 원유 유출 사고를 비판하는 곡까지 만들었다. 그는 위버스에서 탈퇴했는데, 그 이유가 그룹 멤버 세 명이 담배 광고 노래를 불렀다는 것이었다.

피트 시거
피트 시거는 미국의 가수이자 작곡자이자 사회운동가로 아흔이 넘은 현재까지도 적극적으로 인권운동과 노동조합운동과 환경운동을 하고 있다. 사람들이 피트 시거를 기리는 것은 그의 노래에는 한결같이 올바른 것을 추구하는 그의 삶의 철학과 실천적 의지가 녹아들어 있기 때문이다.

　그런 피트 시거를 기려 2007년 PBS에서는 〈피트 시거: 노래의 힘〉이라는 다큐멘터리를 제작하여 헌정했다. 2009년 1월 18일에는 브루스 스프링스틴과 함께 수도 워싱턴에서 열린 버락 오바마 대통령 취임 기념 음악회에서 〈이 땅은 당신들의 땅This Land Is Your Land〉을 부르며 피날레를 장식했다. 2009년 5월 3일에는 10여 명의 유명 가수들이 모여 그의 90세 생일을 축하하는 공연을 열었다. 그가 무대에 오르지 못한 것은 광적인 매카시 선풍이 미국을 휩쓸며 이성을 마비시켰던 바로 그 시기뿐이었다. 사람들이 피트 시거를 기리는 것은 노래를 잘 만들고 잘 부르기 때문만이 아니다. 그 노래에 한결같이 올바른 것을 추구하는 그의 삶의 철학과 실천적 의지가 녹아들어 있기 때문이다.

2011년 세시봉 콘서트가 방송을 탄 뒤 한국은 온통 복고의 열풍에 빠져들어, 그 옛날 종로의 음악다방에서 노래를 불렀던 가수들을 칭송하는 분위기로 가득 차 있다. 그런 분위기에 들뜬 한 가수는 『쎄시봉 시대』라는 책을 냈고, 매체에서는 진보와 보수를 막론하고 앞 다퉈 그 책을 소개하고 있다. 그는 세시봉이 한국의 비틀즈였다고 장광설을 늘어놓으니 그 극도의 자화자찬에 기가 막힐 수밖에 없다. 과연 가수 생활을 오래 해서 향수를 불러일으키면 모든 것이 용서되는 것일까? 우리의 음악 대중은 노래만 잘하면 모든 허물을 감싸줄 만큼 음악지상주의를 신봉하고 있는 것일까?

그는 친일 발언을 하여 많은 사람들의 분노를 샀던 인물이다. 독도 문제에 대해서는 "냉정히 대처하는 일본이 한 수 위라고 생각한다"고 일본을 거들었다. 한국과 중국에서 신사 참배를 비판하는 목소리가 커 대단한 장소인줄 알았지만 직접 보니 야스쿠니 신사가 일반 신사와 다르지 않았다고 말함으로써 겉만 보는 경박함과 역사 인식의 결여를 함께 드러냈다. 그곳이 일본 천황을 위해 목숨을 버리라고 강요하던 장소요, 제국주의 전쟁의 이념적 진원지였다는 생각은 애초에 그의 머릿속에 없다. 우리 국민들에게 일본에 대해 그만 징징대라는 발언, 독도 문제는 국제사법재판소에 가면 된다고 일본의 주장에 동조했던 매국적 발언 등 그의 친일 발언은 상습적이라는 데 더 큰 문제점이 있다. 게다가 또 다른 가수는 4대강이 개발되면 미사리처럼 그 주위에 노래 부를 곳이 많아질 것이기 때문에 찬성한다고 나섰던 인물이다. 4대강의 폐해가 속속 드러나고 있는데도 단지 향수를 자극

한다는 이유로 그들을 우상처럼 떠받드는 몽매함은 어떻게 생겨나는 것인지.

　뉴라이트 지지 연예인 명단에서 발견한 여러 가수들도 그들에 못지 않은 실망감을 안겨준다. 한국적인 한을 가장 짙게 반영하는 노래를 부른다는 평을 듣는 가수, 갓을 쓰고 도포를 입고 〈송학사〉 같은 노래를 불러 사람들의 정서에 호소했던 가수. 그들이야말로 그들을 아끼고 애호하는 팬들이 누구인지 가장 잘 알고 있을 텐데, 도무지 이해가 가지 않는 야만이다.

제6장

몽매

역사는 코미디로 반복한다

　　　　　　　　　　　　　나폴레옹의 조카, 루이 나
폴레옹 보나파르트에게는 여러모로 특이한 점이 많다. 그는 프랑스
제2공화국의 대통령이었다가 1852년 12월 2일 나폴레옹 3세로 등극
하여 1870년 9월 4일까지 통치했다. 직함으로서 그는 프랑스 역사 최
초의 대통령이자 최후의 황제였다는 점에서 특이하다. 단지 나폴레옹
의 조카라는 이유로 1848년 선거에서 압승을 거둬 대통령이 된 그는
쿠데타를 일으키고 국민투표를 실시해 나폴레옹 3세로 등극했던 것
이다. 12월 2일은 원조 나폴레옹이 대관식을 거행했던 날이니, 그날
을 택한 것부터 큰아버지의 후광을 입으려 한 것이 드러난다.

　그의 행적 또한 특이함으로 가득하다. 1836년 그는 1830년의 7월
혁명을 통해 왕위에 오른 루이 필리프에 저항하여 제국을 복구시키
자고 스트라스부르의 수비대에 종용하다가 오히려 그들에게 체포되
어 스위스로 망명했다. 스위스 정부는 루이 필리프가 요구한 범인 양

도를 거절했지만, 양국의 전쟁을 막기 위해 그는 스스로 스위스를 떠났다. 미국과 중앙아메리카에서 4년을 보낸 그는 엘바 섬을 탈출한 나폴레옹을 흉내내어 1840년 프랑스 해안에 도착했다. 고용한 50명의 군인들을 거느린 그의 머리 위에는 황제의 상징인 독수리가 날았다. 그의 모자 속에 숨겨진 베이컨 조각을 노리는 길들인 독수리였다. 반란은 또 다시 실패했고 그는 종신형을 살게 되었다.

감옥에 있는 동안 그는 시력이 나빠졌지만 논문이나 팸플릿을 써서 사람들의 관심을 끌었다. 「빈곤의 종식」이라는 논문은 자신이 진보적이고 어느 정도 사회주의적인 경제 정책을 수행하는 황제가 되어야 한다는 주장을 담고 있었는데, 이후 스스로 그것을 '보나파르트주의'라고 규정했다. 루이 블랑, 피에르 프루동과 같은 사회주의자들과 여류문인 조르주 상드가 그에게 관심을 보였다. 1846년 그는 감옥 소속의 미장이와 옷을 바꿔 입고 영국으로 탈출했다. 그의 정적들은 옷을 빌려준 미장이의 이름을 따 그에게 '바댕게'라는 별명을 붙여 조롱했다.

영국으로 도피하고 한 달이 지나 아버지(나폴레옹 1세의 동생이며 네덜란드 왕을 지낸 루이 보나파르트)가 사망하자 그는 프랑스에서 보나파르트 가문의 유산을 물려받을 유일한 상속자가 되었다. 1848년 프랑스에서 2월혁명이 일어나 루이 필리프가 권좌에서 물러나고 공화정이 복구되었다. 당시 영국에 머무르던 루이 나폴레옹은 곧 프랑스로 돌아왔다. 그때까지 아무런 정치적 역할도 하지 못했던 그는 나폴레옹 시절 프랑스의 영광을 바라는 국민들의 맹목적 열광에 힘입어 대통령이 되었고, 1851년 쿠데타를 통해 대통령의 임기를 10년으로 연

〜 ⟨프랑스 황제 나폴레옹 3세⟩(프란츠 자버 빈터할터, 1855년)
루이 나폴레옹 보나파르트는, 나폴레옹의 조카라는 이유로 나폴레옹
시절 프랑스의 영광을 바라는 프랑스 국민들의 맹목적 열광에 힘입어
대통령이 되었다. 이후 쿠데타를 일으키고 국민투표를 실시해 나폴레
옹 3세로 등극했다.

장했다. 프랑스 국민은 그의 쿠데타를 압도적인 지지로 승인했고, 그는 다음 해에 스스로 황제가 되었다고 선포했다. 그러나 그의 능력은 결코 큰아버지에 미치지 못했다.

그는 우리의 역사와 악연을 맺고 있다는 점에서도 특이하다. 그는 여러 후보 중에서 선출하는 선거가 아니라 정해진 후보에 대해 찬반을 물음으로써 민주주의를 가장하여 독재를 합리화시키는 국민투표의 방법을 전수해줘, 1972년의 '10월 유신'에 선례를 제공했다. 1971년 이미 3선 개헌을 통해 헌정 질서를 무너뜨린 바 있는 박정희의 장기 집권을 위해 어용학자들이 나서 유신헌법을 만들며 참고했던 것이 바로 루이 나폴레옹의 수법이었다. 쿠데타를 일으키고, 계엄령을 선포하고, 국민투표를 통해 승인받는 과정을 그대로 빼박은 것이다.

원조 나폴레옹을 재현하기 위해 전쟁을 이용했던 그는 세계 도처의 분란에 개입했다. 크리미아 전쟁, 세네갈 정복, 제2차 아편전쟁, 인도차이나 원정, 제2차 이탈리아 독립전쟁, 멕시코 전쟁, 보불전쟁 등은 물론 우리나라에도 군대를 파견해 병인양요를 일으켰다. 그러니 그는 우리나라와 프랑스 사이에 지속적인 외교 분란의 쟁점인 외규장각 도서 반환 문제의 원인 제공자이기도 하다. 그의 군사적 모험은 실패로 끝났다. 1870년 스당의 전투에서 파멸적으로 패배한 뒤 사흘 만에 그의 제국은 붕괴되었고, 프랑스는 알자스로렌 지역을 신생 독일제국에 양도해야 했다. 합리적 판단을 하지 못했던 프랑스 국민에게 내려진 징벌일 수도 있었다.

이런 그를 빗대 카를 마르크스는 「루이 보나파르트의 브뤼메르 18일」의 서두에서 세계사의 중요한 사건이나 인물은 두 번 일어난다는 헤겔의 말이 옳긴 하지만 미흡했다고 비판했다. 처음엔 비극으로, 다음엔 코미디로 일어난다고 말했어야 했다는 것이다. 그러면서 들었던 예 가운데 하나가 큰아버지의 비극이 조카의 코미디로 반복되었다는 것이다.

여기에선 아버지의 비극이 딸의 코미디로 되풀이될 조짐이 보인다. 아버지는 '조치'라는 한참 하급법이 '헌법'보다 위에 군림하도록 만든 헌정 파괴를 자행했다. 그런데도 경제를 부흥시켰다는 이유로 그 독재 개발의 이익을 본 사람들과 그 시절에 대한 무비판적인 향수에 젖은 사람들, 엄정한 역사 지식의 중요성에 몽매한 사람들 덕분에 역대 가장 존경받는 대통령으로 떠받들어진다. 딸은 그 후광을 업고 대선 주자 중 선두의 자리를 지키고 있다. 그가 그 자리를 유지할 수 있는 중요한 이유 한 가지는 마땅히 자신의 목소리를 드러내야 할 상황에서 침묵이라는 무기를 사용하고 있다는 사실이다. 그리함으로써 신비적인 이미지도 가꾸고, 행여 말실수로 받게 될지도 모를 비판을 차단한다. 고도의 전략일지 모르지만 책임 있는 정치가가 보일 자세는 아니다.

그런 그의 주위에 사람들이 몰려든다. 그렇지만 그들에게서도 일관적이고 확고한 정책적 발언이 들려오지 않는 것으로 보아 대권의 가망을 보고 권력의 주위에 몰려드는 부나방 떼처럼 보일 뿐이다. 선거는 지금까지의 업적에 대한 평가는 물론, 인물됨과 능력에 대한 평가 위에서 유권자들 스스로 엄정하게 판단하여 사회 전체를 위해 일할 일꾼을 뽑는 일이다. 그렇지만 지금의 상황은 막연한 향수와 동경에 의한 인기가 중요한 변수가 되고 있다. 루이 나폴레옹 보나파르트의 코미디를 다시 보는 것 같은 착각이 든다. 코미디이되 웃을 수 없는 코미디라서 문제다. 그의 실패가 국가 전체에 초래한 파탄마저 반복될 것 같기에 슬픈 코미디, 막아야 할 코미디다.

마키아벨리와 수사학

르네상스 시대의 한 가지 특징은 수사학이 발달했다는 것이다. 그 원인의 하나는 유럽 세계에 동방으로부터 수많은 학문과 지식이 유입되었다는 사실이다. 아리스토텔레스의 논리학, 유클리드의 기하학, 아라비아의 수학, 동로마제국에서 완성시킨 로마법 등이 이슬람과 비잔틴 학자들을 통해 서유럽으로 전파된 것이다. 성서의 말씀을 유일하고 절대적인 진리의 근거로 생각하던 중세와 달리, 이제 사람들에게 진리의 원천이 다변화되었다. 바꿔 말하면 상대주의의 가치관이 나타날 수 있는 토양이 조성되었던 것이다. 사람들은 여러 종류의 진리 사이에서 어떤 것이 진정 옳은 진리인지 의심을 하며 선택해야 했다. 이러한 상대주의 세계에서 중요하게 부각되었던 것은 자신의 주장이 진리라고 남들에게 설득시킬 수 있는 수사학적 기술이었다.

서양 사상의 역사에서 철학에 비해 수사학적 전통은 푸대접을 받아왔다. 즉, 철학은 인간과 세계에 관한 본질적인 내용을 논하기에 우월한 반면, 수사학은 외양에만 관심을 두기 때문에 피상적인 학문이라는 것이다. 그렇다 할지라도 역사 속의 모든 시기가 위대한 철학의 시대는 아니었다. 수사학이 강력하게 부각된 적도 있는데, 르네상스가 바로 그런 시절이었다. 페트라르카, 살루타티, 브루노와 같은 르네상스 시대의 인문학자들이 수사학을 옹호하는 글을 남겼다. 그들의 주장에 따르면 수사학이 철학보다 우월하다. 참된 수사학이란 올바른 논리 위에 근거해야 하는 것이기 때문에 일단 철학을 밑바탕에 깔고 있어야 한다. 그러면서 말하고자 하는 바를 아름답게 표현하여 상대방을 납득시켜야 하는 것이니 수사학이 더 우월하다는 것이다.

그렇지만 그런 주장에도 여전히 수사학은 단지 미사여구로 남을 현혹시키는 재주일 뿐이라는 시각이 더 널리 퍼져 있다. 어쨌든 궁극적으로 수사학은 스스로가 '어떻게 되어야 하는가'가 아니라 남에게 '어떻게 보여야 하는가'에 관심을 두는 분야다. 그런데 르네상스를 대표하는 사상가로 알려진 니콜로 마키아벨리는 대표작인 『군주론』의 서문에서 다음과 같이 말한다. "저는 대부분의 작가들이 자신의 주제를 묘사하고 꾸미기 위해 사용하는 세련된 미사여구, 과장된 단어나 고상한 표현법, 또는 외관상 아름다움을 위한 심심풀이 기교 따위로 이 책을 꾸미지 않았습니다." 마키아벨리는 주제 자체의 중요성으로 말하고자 하는 것이지, 수사학적인 눈속임을 하지 않겠다는 것이다.

잘 알려져 있듯 『군주론』은 저자 마키아벨리가 공직에서 추방당한 이후 복직을 기대하며 로렌초 데 메디치에게 바친 저작이었다. 마키아벨리가 관직에 봉직했던 기간은 메디치 가문이 권좌에서 물러나 있던 시기였다. 마키아벨리는 민주제가 시행되던 공화국에서 공복의 임무를 충실하게 수행했던 것이다. 그 뒤 메디치 가문의 지배가 복구된 뒤 감옥에 갇혀 고문까지 당했던 '공화주의자' 마키아벨리는 외교관으로 자신의 능력을 발휘할 기회를 다시 얻기 원했다. 그러니 앞의 인용문은 자신의 충정을 과시하듯 쓴 글일 수도 있는데, 다른 한편으로는 서양 사상의 역사에서 철학에 비해 수사학적 전통이 받아온 푸대접을 다시금 보여주기도 한다.

그렇다면 르네상스를 대표하는 사상가인 마키아벨리가 수사학을 부정하는 발언을 한 것이 이상하지 않은가? 그러나 세심히 살피면 마키아벨리 역시 수사학의 전통을 이어받고 있음을 확인할 수 있다. 르네상스의 시대정신을 잘 보여주는 저서 중 하나가 발다사레 카스틸리오네의 『궁정신하론』이다. 귀족의 올바른 행동 지침을 묘사한 그 책의 내용은 이탈리아를 넘어 유럽의 궁정에서 신하들이 지켜야 할 '에티켓'의 전범이 되었다. 카스틸리오네가 말하는 귀족은 교양과 학식을 겸비해야 한다. 그렇지만 무엇보다도 타인에게 어떻게 잘 보여야 하는가를 언제나 염두에 두고 행동해야 한다. 그와 비슷하게 마키아벨리는 군주가 '어떻게 되어야 하는가'를 말하지 않는다. 그는 군주가 덕성을 가져야 한다고 말하지 않는다. 단지 그 덕성을 가진 것처럼 보여야 한다고 말할 뿐이다. 이런 점에서 마키아벨리는 르네상스 시대의 수사학적 전통을 충실하게 따르고 있다.

오늘날 우리가 살아가는 이 세상은 수사학의 시대에 속하는 것임이 확실하다. 연예인들은 성형수술을 부끄러워하지 않으며 그 사실을 고백한다. 그들을 따라 평범한 사람들도 스스럼없이 성형수술을 마다

〈**마키아벨리**〉(산티 디 티토, 16세기경)
스스로가 '어떻게 되어야 하는가'가 아니라 남에게 '어떻게 보여야 하는가'에 관심을 두는 분야인 수사학은 서양 사상의 역사에서 철학에 비해 푸대접을 받았다. 하지만 르네상스 시대에서만큼은 수사학이 강력하게 부각되기도 했다.

하지 않는 분위기가 조성되어 있고, 아름다워지려는 노력이니 나쁘게 볼 일이 아니라고 주장한다. (일부) 정치가나 목회자들도 정치나 종교의 본령에 대해 고민하지 않으면서 말장난으로 사람들을 호도한다. 말로만 이루어지는 '공정사회 구현'은 얼마나 많으며, 언어유희에 그치는 '법치국가 건설' 역시 얼마나 많이 보아왔는가. 4대강으로 망쳐 놓은 '환경보호'는 어쩌란 말이냐? '원수를 사랑하라'는 거룩한 가르침에 따르는 자기희생과 절제는 외면한 채 겉으로 드러나는 '세계 최대' 또는 '아시아 최대'의 교회 건물을 지으려는 허영은 무엇인가?

연예인 기사나 방송극의 내용이 중요한 뉴스로 보도되는 세태는 서글프다. 인기 연예인들이 옛날에 결혼을 했든 이혼을 했든, 모든 매체가 그 일만 보도하는 세태는 정상이 아니다. 그들 사이의 개인적인 문제가 보도될 즈음, 다시 드러난 BBK 사건, 선거법 위반, 소망 교회 폭력 사건 등은 거의 묻혔다. 그렇게 묻히는 세상이라서 더욱 서글프다.

당나귀가 죽었다

장 뷔리당은 14세기에 활동했던 프랑스 성직자로, 파리 대학교에서 공부했고 가르쳤다. 그는 연애 사건에 연루되어 자루에 갇혀 센 강에 던져졌다가 한 학생의 도움으로 구조되었다는 소문이 도는데, 도둑 시인으로 알려진 프랑수아 비용의 유명한 시 「옛 시절 여인들의 발라드」는 그 일화를 암시하고 있다. 당시 성직자들은 대체적으로 신학 박사를 취득하여 철학으로 경력을 쌓아가려는 경향이 많았지만, 뷔리당은 인문학에 치중하면서 종교 교단에도 가입하지 않고 일반 성직자로 남아 있었다.

사상사에서 그의 가장 큰 업적은 임페투스 이론을 발전시킨 것이라고 알려져 있다. 그것은 관성의 법칙의 초석을 깔아놓은 것으로, 코페르니쿠스 혁명의 씨앗을 뿌린 것이라고 인정받기도 한다. 그것은 물체의 운동에 관한 아리스토텔레스의 이론을 역전시켰다. 아리스토텔레스에 따르면 물체가 움직이는 것은 외부에서 힘이 계속 가해지

뷔리당의 당나귀(윌리엄 로저스, 1900년경)
『뉴욕 헤럴드』에 실린 만화로 당나귀로 묘사된 미국 의회가
앞으로 건설할 운하의 루트를 고민하고 있다.

기 때문이다. 외부의 힘이 중단된다면 물체는 즉시 운동을 정지한다. 그런데 뷔리당은 물체가 움직일 때 물체에 전해진 내부적인 속성에 의해 그것이 계속 움직인다고 설명했다. 뷔리당은 그 속성을 임페투스라고 불렀다. 즉, 물체가 정지하게 되는 것은 외부의 힘이 중단되었기 때문이 아니라, 공기의 저항이나 중력과 같은 외부의 힘이 임페투스라는 내부의 힘을 상쇄시켰기 때문이라 주장한 것이다. 그 임페투스는 물체의 질량과 속도에 비례하여 증가하는 것이니, 그의 주장이 아리스토텔레스에 비해 근대적인 뉴턴의 이론에 더 가깝다는 것은 확연하다.

하지만 그는 '뷔리당의 당나귀'라는 사고실험과 관련되어 있는 것으로 가장 널리 알려져 있다. 그것은 굶어 죽은 당나귀에 관한 이야기다. 그 당나귀는 먹이가 없어서가 아니라 먹을 것을 앞에 놓고 굶어 죽었다. 무슨 일이 있었을까? 이 우화는 사실 중세 말에 살았던 장 뷔리당보다 연조가 훨씬 깊다. 이미 고대 그리스의 아리스토텔레스는 『기상학』에서 굶주리고 목마른 사람이 먹을 것과 마실 것으로부터 똑같은 거리에 떨어져 있자 어느 쪽을 택해야 할지 몰라 움직이지 못했다는 이야기를 한 바 있다. 그 이야기에서 사람이 당나귀로 바뀌었다. 당나귀가 물통과 건초 더미에서 똑같은 거리에 떨어져 있다. 당나귀는 둘 사이에서 더 가까운 쪽으로 움직일 텐데 정확하게 똑같은 거리에 있으니 선택을 하지 못하고 결국 굶주림과 목마름으로 죽음에 이르렀다는 것이다. 이 이야기에는 먹음직스러운 두 더미의 건초 사이에서 결정을 하지 못해 결국 굶어 죽었다는 변형도 있다.

사실 이 우화는 뷔리당에게서 비롯된 것도 아니고, 현존하는 뷔리당의 글에 이 사고실험의 기록이 남아 있지도 않다. 그런데도 사람들은 이것을 '뷔리당의 당나귀'라 이른다. 그 이유는 이 이야기가 그의 철학과 이어지기 때문이다. 그것은 우리의 지성 앞에 놓인 수많은 '선'들 가운데에서 우리는 '더 좋은 선'을 필연적으로 선택한다는 그의 지론을 말한다. 단지 사고의 세계에만 존재하는 이야깃거리에 불과할까? 그렇지 않다. 식당에 가서 무얼 먹어야 할지 고민하는 사소한 일부터, 몇 가지 진로가 열려 있을 때 어떤 길을 선택해야 할지 노심초사하는 중요한 일에 이르기까지 이 우화와 관련된 일은 많다. 1900년 무렵 미국이 대서양과 태평양을 잇는 운하를 뚫을 때에도, 한 만화에서는 파나마 경로를 택할지 니카라과 경로를 택할지 고민하는 당나귀의 모습으로 미국을 풍자했다. 아인슈타인은 이 당나귀의 우화로 인해 수학이 아닌 물리학을 하게 되었다고 말했다. 그는 수학을 전공하면 좋은 분야가 너무 많아 짧은 인생 동안 어느 방면에서 정수를 흡수해야 할지 확실하지 않아 뷔리당의 당나귀처럼 될 가능성이 많으리라고 생각했다. 반면 물리학에서는 어떤 것이 본질적인 것인지 직관적으로 알 수 있어서 수학이 아닌 물리학으로 나아가게 되었다는 것이다.

인생은 한 번뿐 후회하지 말고 명랑하고 씩씩하게 앞에 놓인 반짝이는 길들 사이에서, 좋은 길들과 그보다 더 좋은 길들 사이에서 고민해야 할 젊은이들이 절망과 더 큰 절망 사이에서 신음하도록 만드는 우리 교육은 누구의 책임일까? 수많은 청소년들이 단지 성적이 떨어졌다는 이유 하나로 목숨을 끊고 있다. 누가 그렇게 밀어붙였는가? 최고의 영재들이 모였다는 카이스트에서 학업의 부담을 견디지 못해 자살 사건이 줄을 이었다. 학업의 부담이라기보다는 외형적으로 모든 것을 경쟁시키고, 그에 따라 학생들을 차별대우하는 제도에서 받는 스트레스가 원인일 것이기에 문제가 크다. 그뿐 아니라 가시적인 성과를 내야한다는 부담 속에서 대학 교수들의 자살 소식도 드문드문 들려온다.

정말로 교육의 본질을 생각해야 할 때다. 학군 경쟁 때문에, 유치원 입학 자격 순번을 얻기 위해 학부모들이 밤을 새워가며 줄을 서 있을 때마다, 매체에서는 그것을 높은 교육열의 증거라고 내세웠다. 솔직해지자. 그것은 이기심일 뿐이다. 진정한 교육열이란 자신이 속한 지역의 학교에서 교육이 제대로 이루어지고 있는지 주시하면서, 내 자식만이 아닌 모두가 함께 상생하고 상승할 수 있는 가르침의 현장이 되도록 도와주는 일이다. 바로 그 이기심을 부추겨 부동산업체가 횡재를 누렸던 것이 아닌가? 그 이기심의 결과가 교실 붕괴로 나타난다. 학생들은 약자를 배려하지 않고 왕따를 시키며, 가해 학부모들은 잘못이 없다고 우겨댄다. 교육의 출발은 가정이다. 학부모들 스스로 책을 읽고 교양을 높이는 집에서 자식들은 저절로 참교육을 배운다. 그것이 교육 개혁의 출발점이 되어야 한다.

유창한 발음의 야만

　　　　　　나는 톰 크루즈는 변변치 못한 연기자고 닉 놀테는 훌륭한 연기자라는 편견을 가지고 있다. 그 연유는 〈파 앤드 어웨이〉라는 영화에서 톰 크루즈가 구사한 유창한 미국식 영어와 〈로렌조 오일〉이라는 영화에서 닉 놀테가 사용한 어눌한 영어에 있다. 〈파 앤드 어웨이〉에서 톰 크루즈는 아일랜드에서 미국으로 땅을 얻기 위해 건너간 사람의 역할을 한다. 그러니 그가 구사해야 하는 영어는 영국식의 영어일 것이나, 그는 천진난만하게 미국식의 영어를 '능숙하게' 사용한다. 〈로렌조 오일〉에서 닉 놀테는 이탈리아 계통의 미국 시민 역할을 한다. 그 영화에서 그는 라틴 계통 사람들이 영어를 사용할 때 들리는 억양이나 발음을 완벽히 '서투르게' 반영하고 있다. 톰 크루즈는 유창한 영어를 구사함으로써 연기의 미숙함을 보인 반면 닉 놀테는 미숙한 영어를 통해 능숙한 연기를 선보인 것이다.

　어줍지 않은 영화 평론을 시도해보려고 이런 이야기를 꺼내는 것이 아니다. 그 이유는 '세계화의 물결'이라는 상투화된 표현을 등에 업고 성공의 필수적인 조건으로서 무비판적으로 받아들여지고 있는 상업화된 영어 교육에 대해 몇 가지 이야기하려는 것이다. 언제부터인가 우리나라에서는 회사원들은 물론 학생들의 영어 능력을 평가하는 기준으로 토익이 등장했고 그것에 맞추어 토익을 다루는 학원이나 강좌에 사람들이 몰리고 있다. 한편 신문이나 방송에서는 영어를 알아듣고 미국인처럼 유창하게 말하는 것이 세련된 세계 시민이 되어 국제화에 발맞추어 나아가는 길인 것처럼 앞 다투어 영어 회화를 다루는 기사나 프로그램을 내보내고 있다. 덕분에 영어 사용권에서 태어난 많은 사람들이 단지 그곳에서 태어났다는 이유만으로 이곳에서 분에 넘치는 생활을 누리고 있는 것도 흔히 볼 수 있는 일이며, 널리 알려진 영어 회화 강사들이 유명인이 된 경우도 종종 눈에 띈다.

여기서 말하고자 하는 것은 완고한 국수주의를 고수해야 한다는 것도 아니고, 영어나 영어 회화 교육의 중요성을 감소시키자는 것도 아니다. 단지 그 문제점을 진지하게 고려해야 할 시점에 우리가 도달했다는 사실에 주의를 환기시키자는 것이다. 내가 아는 바에 따르면 토익은 상용 영어의 능력을 평가하는 시험이다. 회사에서 그것이 능력 판단의 기준이 된다는 것은 그런대로 이해할 수 있겠으나, 학교에서마저 그것이 기준이 된다면 거기에는 문제가 있다. 10여 년에 걸친 문법과 독해의 교육을 받은 뒤에도 대화하나 제대로 못 하더라며 실용 영어의 능력을 강조하는 식상한 논리에도 타당성은 있겠지만, 학문의 전당에서 토익을 평가의 기준으로 정함으로써 우리는 우리의 고급 인력 자원을 장사꾼이 되라고 내몰고 있는 것이 아닌지 우려된다.

영어 및 외국어교육박람회에 모인 인파(사진 제공: 연합뉴스)
미국인과 똑같이 발음하는 것만으로 회화의 능력이 뛰어나다고 볼 수는
없다. 비록 특이한 억양이지만 훌륭한 어법과 어휘로 이루어진 영어를 구
사할 때 원어민들에게 여러 면에서 오히려 더 높은 평가를 받을 수 있다.

실용 영어뿐 아니라 수능 영어가 강조되면서 이미 우리의 미래에
대한 불길한 조짐이 실체를 드러내고 있다. 실용 영어는 종래의 독해
나 문법 교육을 대가로 하여 이루어졌고, 수능 영어는 정밀한 독해보
다는 제한된 시간 안에 정답을 찍는 기술을 터득하도록 학생들을 내
몰고 있다. 그 결과 나의 경험으로는 학생들의 독해 능력이 현저하게
저하되었다. 머지않은 미래에 그 대가를 톡톡히 치르게 될 것 같은 반
갑지 않은 예감이 든다. 왜냐하면 진정 가장 고급한 외국 문물의 수용
은 탄탄한 문법과 독해의 실력 위에서 이루어지는 것인데, 우리의 미
래를 짊어질 젊은이들에게 그 능력이 약화되고 있기 때문이다.

미국인과 똑같이 말하는 것이 영어 회화를 잘하는 것이라는 논지에도 나는 찬성할 수 없다. 〈로렌조 오일〉에서 닉 놀테는 엉성한 발음의 영어를 말하지만 그가 사용하는 어휘나 문법은 정확하다. 편협한 미국주의자들을 제외한 대부분의 미국 사람들은 그런 영어를 구사하는 사람들을 만날 때 존경심을 갖고 대한다. 영어가 자신의 모국어가 아니면서도 자신들조차 사용하지 못하는 훌륭한 어법과 어휘를 구사할 때, 그들은 그 과정에 들어간 큰 노력과 높은 학식을 인정하면서 대하는 태도가 달라지는 것이다. 거꾸로 생각해보자. 우리 앞에 두 명의 외국인이 있다. 한 명은 발음이 미숙하지만 격조 높은 국어를 사용하고, 다른 한 명은 한국인과 발음의 차이가 전혀 없지만 건달의 어휘를 사용한다고 하자. 한국어 사용 능력뿐 아니라 전체적인 인간성을 평가하라고 한다면 누구에게 더 높은 점수를 주겠는가? 그 대답이 자명한 것이라면, 그것은 우리의 영어 회화 교육에도 어떤 시사점을 던져주어야 한다.

우리는 영어 회화의 교육을 통해 스파이를 키우는 것이 아니다. 다시 한 번 거꾸로 생각해보자. 우리의 국어를 제대로 구사하며 외국인에게 우리말을 가르칠 수 있는 능력이 있는 사람은 얼마나 될 것인가? 미국인들은 모두가 우리에게 고급한 영어를 가르칠 수 있는 능력이 있을까? 누군가가 어떤 미국인에게 영어를 배워 그와 똑같이 말할 수 있게 되었다고 생각하자. 그런데 그것이 완벽한 미국 깡패의 언어라면 어떻게 하겠는가? 요컨대 미국인과 똑같이 발음하는 것이 회화에서 문제가 되는 것은 아니고, 오히려 외국인으로서 외국인의 특이한 억양으로 훌륭한 영어를 구사할 때 그것이 여러 면에서 더 높은 평가를 받을 수 있다는 것이다.

영어뿐 아니라 외국어 교육이 무엇 때문에 필요한 것인지 교육 당국에서도 깊은 성찰이 있어야 한다. 그에 맞춰 교육 과정이 새롭게 설정되어야 하고, 영어뿐 아니라 다양한 외국어를 습득할 기회를 줌으로써 진정한 세계화 시대에 우리의 문화적 역량이 다변화할 수 있도록 만들어야 한다. 학부모들도 무비판적으로 영어 교육의 열풍에 휩쓸리지 말아야 한다. 그래야지만 원어민처럼 영어를 유창하게 발음할 수 있도록 어린아이의 혀를 수술했던 야만이 사라질 것이기 때문이다.

콜로세움

로마에 가면 반드시 봐야 할 명소의 하나로 콜로세움이 손꼽힌다. 5만 명의 관객을 수용할 수 있어서, 로마 시대에 건설된 원형경기장 중 가장 큰 이 건물은 로마 건축과 기술의 정수를 보여준다고 일컫는다. 그렇지만 나는 이 콜로세움이 인류의 역사에서 생기지 않았어야 할 유산이라고 생각한다. 왜냐하면 이곳은 사람들을 무장시켜 서로를 죽일 때까지 싸움을 하도록 만들고 그것을 보면서 즐겼던 장소이기 때문이다. 여기에는 잔혹함을 즐기던 로마 사람들의 성향과 그것을 정치적으로 이용하려는 황제들의 야욕이 결합되었다.

기원전 160년경부터 사람들은 연극 공연 대신 검투 경기로 향하기 시작했다. 기원전 1세기에 이르면 잔혹한 광경에 대한 사람들의 욕구가 너무도 커져, 그들의 표를 얻으려 하는 자들은 사람들을 초대하여 더욱더 끔찍한 유혈의 광경을 보여주었다. 그것을 막기 위해 기원전 63년 원로원에서는 투표 전 2년 동안 그런 검투 경기를 재정적으로 지원한 자는 피선거권을 박탈한다는 법령을 통과시키기도 했다. 그러나 황제에 오르려는 자들은 야욕을 채우기 위해 사람들이 즐기는 취향을 이용하기 마련이었다. 황제들은 살해에 대한 군중의 무절제한 탐욕을 이용하여, 그 사악한 도락인 검투 경기에서 가장 확실한 통치의 도구를 발견했다.

보통 검투 경기는 새벽부터 땅거미가 내릴 때까지 계속되었다. 도미티아누스 황제 당시에는 밤까지 경기가 연장되기도 했다. 그렇게 오랜 시간에 걸쳐 벌어지기 때문에 싸움을 다양하게 만들어 관중에게 즐거움을 주어야 할 필요가 있었다. 그리하여 검투사들은 원형경기장의 딱딱한 바닥에서뿐 아니라 때로는 물속에서도 싸우도록 훈련받았다. 동물들과 싸우기도 했다. 그 싸움에서 용기를 보이는 것은 명예의 표시가 되기도 했다. 예를 들어 곰과 싸우면서 무기를 버리고 맨주먹을 쓴다든가, 사자의 머리 위로 외투 자락을 던져 사자의 눈을 가린다든가, 오늘날의 투우사처럼 황소의 앞에서 빨간 천을 흔들면서 관중들의 쾌락을 배가시킨다든가 하는 일들이 그것이다. 그렇지만 동물의 서커스나 동물들 사이의 대결, 동물과 인간 사이의 대결은 가장 큰 흥밋거리인 검투사들의 대결 사이에 벌어지는 막간 행사에 불과했다. 80년 티투스 황제 당시 콜로세움 준공을 기념하기 위해 열린 검투 경기에서는 그 막간 행사를 위해 하루에 죽은 동물의 숫자가 5,000마리에 달했다.

검투사들 사이의 대결 전날에는 그들에게 호화로운 만찬이 베풀어졌다. 그것은 많은 검투사의 마지막 식사가 될 것이었다. 대중은 이 만찬장의 광경을 보러올 수 있었다. 그들 중 호기심이 많은 일부는 식

〰️ **이탈리아 로마의 콜로세움**
로마의 황제들은 살해에 대한 군중의 무절제한 탐욕을
이용하여, 그 사악한 도락인 검투 경기에서 가장 확실한
통치의 도구를 발견했다.

탁 사이를 돌아다니며 검투사들의 표정을 살펴보며 은밀한 즐거움을 만끽했다. 검투사들 중 운명론을 믿는 어떤 사람들은 순간의 쾌락에 탐닉하며 배불리 먹었다. 건강에 유의하면서 승산을 높이려던 사람들은 이 호화로운 공짜 식사의 유혹을 거부하면서 절제했다. 가장 불쌍한 사람들은 다가올 죽음의 공포에 사로잡혀 목과 배는 이미 마비되어 먹을 생각도 못한 이들이었다. 그들은 한탄을 하며 지나가는 사람들에게 자신의 가족을 알리며 유언을 전해달라고 말했다.

다음 날에는 퍼레이드와 함께 검투 경기가 벌어졌다. 검투사들은 원형경기장 앞에 집결한 뒤 군인들이 사열하듯 경기장을 행진했다. 그들은 금색 수를 놓은 자주색 망토를 입었다. 그들 뒤에는 무기를 든 시종들이 뒤따랐다. 그들이 황제석의 맞은편에 도달하면 황제를 향해 돌아서서 충성의 표시로 오른손을 높이 들고 다음과 같이 말했다. "충성, 황제 폐하, 곧 죽게 될 사람들이 폐하에게 인사를 올립니다." 퍼레이드가 끝나면 무기를 검사했다. 날이 무딘 칼들은 수거했다. 살상 작업이 손쉽게 이루어지도록 하기 위해서였다. 무기가 분배되고, 추첨에 의해 대결할 쌍들이 결정되었다. 때로는 같은 무기를 사용하는 사람들끼리 싸우기도 하고, 때로는 다른 무기를 사용하는 사람들을 대결시키기도 했다.

이를 구경하는 사람들은 돈을 걸었다. 검투사들이 상대방에게 입히는 상처마다 사람들은 더 크게 흥분하며 고함쳤다. 만일 자신이 돈을 건 검투사의 가격에 상대방이 비틀거리기도 한다면 사람들은 자신이 건 돈이 가져올 이익에 즐거워하며 기쁨을 감추지 못했다. 그리하여 상대방이 치명적인 가격에 의해 숨이 끊어지면 야만적인 즐거

~ **로마 검투사의 승리 장면**(장 레옹 제롬, 1872년)
원형경기장에서 벌어진 동물의 서커스나 동물들 사이의
대결, 동물과 인간 사이의 대결은 가장 큰 흥밋거리인 검
투사들의 대결 사이에 벌어지는 막간 행사에 불과했다.

움에 전율했다. 한 측이 쓰러지면, 진행을 돕는 요원이 나타나 쓰러진
자의 이마에 나무 방망이로 가격하여 죽음을 재차 확인했다. 그런 다
음 보조원들에게 손짓을 하면 그들이 시체를 들것에 실어 경기장 밖
으로 옮기고, 피로 물든 경기장의 모래 바닥을 뒤엎고 다음 경기를 준
비했다.

　오늘날 우리의 사회에서는 방송국이 콜로세움이다. 시청자의 열광
에 힘입어 승리자만 살아남는 서바이벌 게임을 도처에서 볼 수 있다.

〈나는 가수다〉나 〈위대한 탄생〉 같은 프로그램에서 누가 탈락했는지, 그 과정이 공정했는지 그런 일들이 신문 기사가 된다. 그런데 문제는 그런 프로그램이 세태를 선도하는 것이 아니라 반영하는 것처럼 보인다는 사실에 있다. 그런 무한경쟁의 세태는 누가 만들었을까? 다름 아닌 우리의 교육이다. 동료 학생은 친구라기보다는 경쟁자로 여긴다. 성적과 관련해서는 불이익이라고 여겨지는 그 어떤 것도 견디지 못한다. 다른 학생의 성적이 올라가면 상대적으로 내 성적이 떨어진 것이라고 생각한다. 교실이 각박하고 삭막하다. 그런 교육 현장에서는 창의성도 인간성도 찾을 수 없다. 그렇게 경쟁을 시키는데도 학생들의 수준은 옛날만 못하다는 것이 솔직한 평가다. 서로 도와가며 같이 살아남고 같이 성장하는 교육 현장을 만들기는 이미 불가능한 것인가? 줄 세우기 교육제도도 바뀌어야 하거니와, 교육을 통해 무엇을 이루어야 하는지 개인의 마음가짐도 변해야 한다.

칠레, 포르투갈, 일본

1647년 칠레의 산티아고에 대지진
이 일어났다. 도시 건물 대부분을 붕괴시킨 이 참화를 소재로 독일 낭
만주의를 대표하는 문인 하인리히 클라이스트가 1807년 「칠레의 지
진」이라는 단편소설을 썼다. 그의 이름을 딴 '클라이스트 상'이라는
명망 높은 상이 제정되어 독일의 뛰어난 문학자에게 수여될 정도로
그는 독일 문학사에서 확고한 위치를 차지하고 있다.

그 소설에서 젊은 가정교사가 귀족의 외동딸과 사랑에 빠졌다. 이
를 안 귀족이 딸을 수도원으로 보냈지만 둘의 만남은 계속되었고 결
국 여자는 임신을 하게 된다. 임신을 한 딸은 '불경스럽게도' 대성당
의 계단에서 아들을 출산한다. 여자는 사형 선고를 받아 형의 집행을
기다리고, 같은 순간 남자는 감옥에서 밧줄로 목을 매려 한다. 바로
그때 대지진이 일어난다. 그 혼란의 와중에 아들과 함께 폐허에서 살
아남은 그들은 그 재앙이 자신들을 구원한다는 하늘의 뜻이라 생각

〈1755년 리스본 지진〉(작가 및 제작연도 미상)
1755년 11월에 발생한 리스본 지진의 생존자들의 캠프를
묘사한 독일의 동판화다.

하고 앞으로의 재앙을 막아달라는 미사에 참석한다. 그러나 그곳에서 그들을 알아본 고위성직자는 지진을 소돔과 고모라를 멸망시킨 신의 분노에 빗대며 그 한 쌍의 죄를 성토한다. 결국 그들은 광신도의 손에 비참한 죽음을 맞이한다.

1755년 포르투갈의 리스본에서 지진이 발생해 대략 3~4만 명이 사망한 것으로 추정된다. 지진이 발생한 11월 1일은 공교롭게도 일요일인데다가 만성절萬聖節이어서 리스본 성당이 평소보다 더 많은 신도들로 붐벼 피해가 커졌다. 프랑스의 성직자들은 리스본 사람들의 죄에 신이 벌을 가한 것이라고 해석했다. 미신 타파와 종교적 관용을 외친 불굴의 투사 볼테르는 그 성직자들을 비판하기 위해 1756년에 「리스본 재해에 관한 시」를 썼다. "당신들은 확신하는가, 우주를 창조하고 / 운명의 법칙을 정착시킨 권능이 / 인간에게 합당한 자리 하나 찾아주지 못하고 / 지진으로 인류를 멸망시켜야만 했다는 것을? / 당신들은 신의 영원한 정신을 그렇게 제한시켜야 하는가? / 우리의 신은 자비로움을 향해야 하는 것이 아닌가?"

그런데 「리스본 재해에 관한 시」는 프랑스의 성직자들만을 겨냥한 것이 아니었다. 그 시에는 '존재하는 것은 옳다는 금언에 관한 고찰'이라는 제목이 붙어 있기도 하다. 그것은 예정조화설로 대표되는 독일의 철학자 고트프리트 라이프니츠의 낙관주의를 비웃은 것이기도 하다. '존재하는 것은 옳다'는 말은 현실 세계에 존재하는 것은 모두 최선의 상태로 존재하는 것이며, 거기에는 신의 섭리가 담겨 있다는 낙관주의를 말한다. 그러한 낙관주의를 지탱하기 위해서는 한 가지 의문이 해소되어야 한다. 이 세상이 최선의 상태로 존재한다면, 신은 왜 지진과 같은 참상은 물론 전쟁이나 질병과 같은 악이 존재하도록 만들었을까? 역설적으로 들릴지 모르지만, 이 의문에 대한 라이프니츠의 답은 신이 전지전능하기 때문이라는 것이다. 신이 전지전능하다면 신은 최선부터 최악에 이르기까지 모든 대상을 만들 수 있어야 한다. 그 모든 것을 만들지 못해 어디엔가 공백이 있다면, 그것은 신의 전지전능한 성격에 위배된다. 이러한 논리를, 신을 변호한다 하여 '변신론辯神論'이라 부르기도 한다.

1759년에 출간된 볼테르의 대표작 『캉디드』도 「리스본 재해에 관한 시」의 문제의식을 이어받아 라이프니츠의 낙관주의를 조롱한다. 『캉디드』에도 리스본 지진 장면이 묘사되고 있으며, 지진을 막기 위해 1756년 6월 20일 실제로 벌어졌던 이교도의 화형식 장면에 대한 이야기도 나온다. '낙관주의'가 부제로 붙은 이 소설에서 볼테르는 이러한 참화는 물론 온갖 모순과 부조리로 가득 찬 세상이 신의 전지전능함을 위해 존재해야 하는 것인지 조롱조로 묻고 있는 것이다. 그러한 그의 힐난은 소설 주인공인 순진무구한 캉디드의 스승으로서 라이프니츠의 화신이라 할 수 있는 '팡글로스'라는 인물의 이름으로 희화된다. 어떤 비참한 상황에서도 이 세상은 최선을 위해 존재하는 것이라고 말하는 그의 이름 팡글로스는 '판+글로스'로 나눌 수 있는데, 직역하면 '모든 혀'가 된다. 라이프니츠의 형이상학은 말뿐이라는 조롱이다.

2011년 일본 북동부 바다에서 발생한 지진이 엄청난 해일을 일으켜 상상을 초월하는 규모의 피해를 입혔다. 2004년 연말 쓰나미가 덮쳐 22만 명의 피해자를 내며 동남아시아를 폐허로 만들었다. 모든 사

〈원탁〉(아돌프 멘첼, 1850년)
프러시아의 프리드리히 대왕이 초청한 손님들이 상수시 궁전의 마블 홀에 모여 있는 장면이 묘사된 그림으로, 정면에서 왼쪽으로 세 번째 의자에 앉아 있는 이가 볼테르다.

람들이 경악하며 다방면으로 구호 활동을 벌일 때 대형 교회를 이끄는 한 목회자는 불교 숭배 국가에 대한 심판이라는 발언을 하여 물의를 일으켰다. 그 편협한 종교관에서는 예수님의 무조건적인 사랑이 전혀 느껴지지 않는다. 그런데 이번에도 다른 대형 교회를 이끄는 목회자가 그 미증유의 재해를 두고 "일본 국민이 너무나 하나님을 멀리하고 우상 숭배, 무신론, 물질주의로 나가기 때문에 하나님의 경고가 아닌가 하는 생각이 든다"고 말하며 기대를 저버리지 않았다.

가족과 삶의 터전을 잃고 망연자실한 사람들에게 도움을 주기 위해 세계 곳곳에서 구원의 손길이 답지하던 그 당시, 그럼에도 여진과 원자력 발전소의 폭발에 대한 두려움에 몸서리치던 그 당시, 문제는 여전히 배타적이고 이기적이고 오만한 광신이었다. 그 교회들은 낮은 곳에 임하려 하지 않고, 정치적 실세와 밀착하며 스스로 막강한 권력이 되었다. 그 과정에서 목회 활동에 당연히 따라야 할 신자들의 존경심과 신뢰감을 잃었다. 대형 교회들이 앞 다퉈 세워져도 인구 조사는 개신교의 신자가 감소하고 있다는 사실을 보여준다. 과연 누구의 책임일까?

제7장

분노

꿈의 함장

아울루스 겔리우스는 2세기에 활동했던 로마제국의 작가이자 문법학자였다. 아프리카 속주의 귀족 가문 후손으로 로마에서 태어나 양육되었던 것으로 추정되는 겔리우스는 여행을 많이 다녔다. 특히 그리스를 좋아한 그는 아테네에 오래 거주하며 교육을 받은 뒤 로마로 돌아가 법률 관련 직책을 맡았다. 아테네 체재의 결과로 『아티카의 밤들』이라는 저작이 나왔는데, 아테네가 속한 아티카 지역에서 보낸 기나긴 겨울밤에서 제목을 따왔음이 확실하다. 일종의 비망록인데, 그리스에서 듣거나 읽은 범상치 않은 일들은 물론 역사, 철학, 문법, 기하학 등의 잡다한 주제를 망라하고 있다. 이 책은 많은 작가와 저작에 관한 단편적인 이야기들을 보존하고 있어, 이 책이 없었더라면 오늘날에는 완전히 알려지지 않았을 이야기들을 망각의 늪에서 건져냈다. 주제에 따른 순서나 배열을 의도적으로 무시한 것처럼 보이는 이 책에는 다음과 같은 흥미로운 일화가 전한다.

기원전 450년경 아테네의 함대가 해가 질 무렵 에게 해의 한 섬 근처에 정박하고 있었다. 아테네는 에게 해를 장악하려 하면서 다음 날 아침 그 섬을 공격할 예정이었다. 함장은 아테네 민주주의의 전성기를 열었던 바로 그 페리클레스였다. 이야기에 따르면, 그는 기함에서 저녁을 함께 하자고 부관을 초대한다. 이슬을 피하기 위해 고물 높은 곳에 차양을 쳐놓고 식사를 하던 그들 옆에서 아름다운 소년이 물을 따르며 시중을 든다. 시종의 뺨에 비친 석양이 페리클레스의 시흥을 돋운다. 그는 '밝은 자주색'이라는 표현이 든 시를 인용한다. 부관은 그 형용사가 적절치 못하다고 비판한다. 그는 피어오르는 젊음을 표현하기 위해서는 '장밋빛'이 낫다며, 다른 시를 인용한다. 페리클레스가 다시 반론을 제기하면서 '장밋빛'이란 표현을 썼던 바로 그 시인이 다른 시에서는 젊은 아름다움의 발현을 위해 '자주색'이란 말을 사용했다고 주장한다. 이렇게 그 저녁의 대화는 문학비평의 섬세하고 미묘한 논점으로 무르익는다. 다음 날 아침 바로 이 사람들이 현명하게 지휘하고 격렬하게 전투하며 섬에 대한 공격의 임무를 완수했다.

이 매혹적인 이야기가 사실인지는 확인되지 않는다. 그렇다 할지라도 이 일화는 전성기 시절 그리스의 이상적인 인간상을 보여준다. 정치가, 군인, 선원으로서 현실의 일에 진지하게 대하는 행동가들이 색깔과 관련된 형용사를 시에서 인용할 만큼 시에 능통하며, 문학비평에 대해 치열하게 논쟁을 벌인다. 한마디로 그들은 문무를 겸비했다. 바꿔 말하면 정신과 육체가 균형 잡힌 삶을 추구했다는 것이다. 단지 이야기일 뿐일까? 그렇지 않다. 그리스 3대 비극작가 모두가 작품 활동뿐 아니라 공적인 활동을 수행했다. 아이스킬로스는 마라톤

〈페리클레스의 추도사〉(필리프 폴츠, 19세기경)
펠로폰네소스 전쟁에서 전사한 아테네 장병들에게 보내는 추도사를 하는 페리클레스의 모습을 묘사한 그림이다. 그가 문무를 겸비한 장군의 표상이라 해도 손색이 없다.

전투에 참가했고, 소포클레스는 아테네의 재정 담당관이었으며 에우리피데스는 여러 정치적 업무를 맡았다. 아직도 역사학의 고전으로 꼽히는 저작을 남긴 그리스의 역사가들인 헤로도토스와 투키디데스와 크세노폰도 군인이었다. 이들의 업적이 2,500년이 넘도록 지금도 추앙을 받는 것을 보면 정신과 육체의 균형 잡힌 계발이 공적인 업무와 예술적인 창의성 모두에 탁월성을 부여하리라는 확신이 생긴다.

그렇지만 이곳에서 용맹한 장군이 학식과 교양이 높은 신사가 되기를 바라는 것은 한낱 꿈에 불과할까? 그래도 그 꿈을 꾸고 싶다마는 우리의 현실은 그것이 허황한 일장춘몽에 불과함을 확연히 드러낸다. 대한민국 국군의 총 통수권자인 대통령부터가 사격 시범을 보여준다고 개머리판을 눈 밑에 대고 겨냥을 해 군대 미필자임을 만천하에 과시하며 놀림감이 된 일이 있었다. 그 일이야 한 번 웃고 넘길 일이라고 치부할 수 있다. 정작 더 중요한 것은 천안함 사건과 연평도 포격이 있은 뒤 국가를 위해 전쟁도 불사해야 한다는 결정을 내린 정부 주요 부처의 고위공직자 다수가 군대 미필자라는 사실에 있다. 물론 거기에는 당시 국무총리도 포함된다. 게다가 정작 애국과 안보를 외치던 그 사람들의 자제들은 석연치 않은 이유로 면제를 받은 경우가 비일비재하다. 그들이 말하는 '애국'과 '안보'는 정권 유지라는 다른 목적을 위한 구호에 불과했음을 보여줄 뿐이다.

군의 경험이 없는 사람들이 국가 안위와 관련된 중요한 사항을 결정해야 하는 우스꽝스러운 상황은 결국 우스꽝스러운 어릿광대 극을 연출해내고야 말았다. 행방불명을 이유로 입대를 면제받았던 여당 대표는 전쟁이 나면 입대하겠다는 말로 자신에게 쏟아지는 비난을 무마시키려 했다. 그런 그가 연평도의 어민들 생활상을 살펴보겠다고 갔다가 보온병 잔재를 보고 이것이 바로 포탄이라고 했다. 이에 포병 장교 출신의 다른 국회의원이 "이게 76밀리짜리고 이건 122밀리 방사포"라고 대답했다. 웃을 수 없는 코미디다. 왜냐하면 이미 전 세계적으로 웃음거리가 되어 우리 정치가의 함량 미달을 보여주었기 때문인데, 내가 살아가는 국가의 체면을 위해서라도 감춰주고 싶은 코미디다.

그렇더라도 그것 역시 웃고 넘기자. 웃을 수 없는 일은 천안함과 연평도 사태의 최고 책임자라 할 수 있는 당시 국방부장관의 말 바꾸기다. 그는 국방부에서 먼저 주장했던 천안함 실종자들의 69시간 생존 가능성을 부인한 것에 뒤이어 의혹이 제기될 때마다 말을 바꾸었다. 그중 가장 두드러진 것은 어디에선가 지시를 받고 말을 바꾼 장면이 포착된 것이었다. 결국 많은 존경을 받던 장성 하나가 그다지 명예롭지 못하게 퇴진하게 되었다. 내게는 이 모든 일들이 인문 정신의 결핍에서 온 것처럼 보이니, 전쟁 전야에 문학 논쟁을 벌이던 그리스의 꿈의 함장들이 왜 아니 부럽겠는가.

어떤 경쟁자들

무대는 기원전 4세기 중엽 그리스. 이 당시 그리스는 극도로 혼란스러운 상태에 빠져 있었다. 아테네가 페르시아를 물리치고 전성기를 구가한 것은 한 세기도 더 지난 과거의 영광이었을 뿐이다. 승리를 거둔 아테네의 오만과 그에 반발한 스파르타의 적대감이 충돌하여 그리스의 모든 도시국가는 약 30년에 걸친 펠로폰네소스 전쟁에 휩쓸리게 되었다. 그 결과는 그리스 전체의 파멸이었다. 도시국가들 사이에는 반목과 갈등이 고조되었다. 게다가 페스트까지 돌아 인심은 흉흉했고, 사람들의 도덕심마저 바닥으로 떨어졌다.

그러나 한 나라의 몰락은 주변 다른 나라들의 기회를 뜻했다. 그리스를 넘보던 많은 나라들 중에서 가장 강력한 위협으로 등장한 것은 북쪽의 마케도니아와 동쪽의 페르시아였다. 당시 마케도니아의 지배자는 필리포스 2세로, 그는 뒷날 페르시아를 정복한 알렉산드로스 대제의 아버지다. 그는 분열된 마케도니아를 통합하고 군대를 정비하며 북동쪽의 트라키아로 세력을 확장하는 한편, 남쪽의 그리스를 호시탐탐 엿보고 있었다.

위협에 직면한 그리스에는 두 개의 대립하는 여론이 맞섰다. 마케도니아의 필리포스를 그리스의 왕으로 받아들이며 화평을 택하자는 견해와 미개한 외적 마케도니아에 대항해 싸워야 한다는 의견이 그것이었다. 화평을 해야 한다는 주화론의 대표자가 이소크라테스였고, 전쟁을 벌여야 한다는 주전론의 옹호자가 데모스테네스였다. 직접민주주의가 시행되던 그리스에서는 사람들의 심금을 울리는 웅변이 강력한 정치적 무기였다. 이 둘은 타고난 웅변의 재주는 없었지만 노력을 통해 당대 최고의 웅변가로 자리 잡은 라이벌이었다.

이소크라테스는 피리를 제조하는 부유한 가문 출신으로서 최고의 교육을 받았다. 그는 법률가가 되었다. 그에게는 웅변에 필요한 큰 목소리가 없었다. 게다가 그는 사람 앞에 나서서 말하는 것을 두려워했다. 그렇지만 그리스가 처한 현실은 그로 하여금 그 해결책을 촉구하는 웅변 원고를 작성하도록 만들었다. 그는 플라톤의 관념 철학에서 말하는 영원한 진리를 믿지 않았다. 그에 따르면 철학은 현실에서 벌어지는 문제를 해결할 수 있어야 했다. 눈앞에 벌어지고 있는 일은 마케도니아와 페르시아의 침입 위협이었다. 이 문제를 어떻게 해결할 것인가? 이소크라테스의 해답은 마케도니아를 넓은 의미의 그리스에 포함시켜 그 지배자인 필리포스 2세를 그리스의 왕으로 추대한 뒤 페르시아의 위협에 맞서 싸운다는 것이었다.

데모스테네스는 미개인으로 멸시하던 마케도니아 사람을 그리스의 왕으로 받아들일 수 없었다. 그는 그리스 사람들의 자유를 지키기

〰️ **이소크라테스(왼쪽)와 데모스테네스(오른쪽)**
기원전 4세기 중엽, 마케도니아의 위협에 직면한 그리스에는
화평을 주장하는 여론과 전쟁을 주장하는 여론이 맞섰다. 이
소크라테스와 데모스테네스가 각각의 여론을 대표했다.

위해 필리포스에 결연히 맞서 싸워야 한다는 유명한 연설을 남겼다. 이것은 지금까지도 서양의 역사에서 가장 뛰어난 연설 가운데 하나로 꼽히고 있다. 그렇지만 그 역시 타고난 연설가는 아니었다. 어렸을 적의 그를 기억하는 사람은 그가 뛰어난 웅변가가 되리라고 꿈도 꾸지 못했다. 그는 말을 더듬었다. 그는 이러한 언어 장애를 고치기 위해 입 안에 자갈을 넣고 말하기도 하고, 달리면서 시를 크게 낭송하기도 했으며, 해변에서 거친 파도 소리에 맞서 웅변을 함으로써 목청을 키웠다.

잠시 그의 연설을 듣자. "마케도니아의 한 사람이 아테네 사람들을 복종시키고 그리스 사람들에게 명령하는 것보다 더 큰 모욕이 있겠습니까? 필리포스가 죽었나요? 아닙니다. 그러나 그는 병에 걸렸습니다. 그러나 그게 당신들에게 무슨 상관입니까? 이 사람에게 어떤 일이 생긴다 해도 당신들은 또 다른 필리포스를 만들어낼 것입니다. 당신들이 지금처럼 행동한다면. 그는 자신의 힘만으로 그렇게 높은 자리에 올라선 것이 아니라, 우리 그리스 사람들의 태만 때문에 그렇게 되었습니다." 이렇게 그는 그리스 사람들을 질책하며 맞서 싸워야 할 당위성을 설파했다. 그러나 그리스 사람들은 뒤늦게야 그의 주장의 중요성을 알아챘다. 오히려 그는 뇌물 수수 혐의로 고발당해 망명길에 올라야 했다. 그런데도 그는 되돌아와 몇몇 작은 전투에서 기적 같은 승리를 거두었다. 그렇지만 결국 그리스는 기원전 338년 카이로네이아 전투에서 패배하며 마케도니아가 그리스 전체를 정복하게 되었다.

이소크라테스와 데모스테네스는 정반대의 견해를 펼친 경쟁자였음이 확실하다. 그러나 무엇을 놓고 그들이 경쟁을 벌였을까? 개인의 정치적인 위상을 높여 영달을 꾀하기 위해? 아니었다. 방법은 달랐다 할지라도 그들은 조국 그리스에 대한 사랑을 놓고 경쟁을 벌였다. 카이로네이아 전투에서 패배한 뒤 이소크라테스는 아흔여덟의 나이로 식음을 전폐하며 스스로 목숨을 끊었다고 전해진다. 데모스테네스 역시 그리스의 자유를 구하려는 최후의 시도가 실패로 끝난 뒤 독을 마시고 자결했다.

최고 권력자와 국가를 동일시하면서 그에게 충성 경쟁을 벌이는 소인배들이 이런 애국의 경지를 이해할 수 있을까? 그들에게 충성은 개인적인 이익과 권력을 획득하기 위한 수단에 불과하다. 그런 이유에서 그러한 충성은 이익의 전망이 사라질 경우 곧 변절과 배신의 음모로 바뀌게 된다. 이미 그런 조짐이 보이며, 권력의 곁에서 단물을 빨던 이들이 대통령과 거리를 두려한다. 대통령으로서도 이익 관계로 그들을 거두어들였으니, 이익 관계로 그들이 떠난다 하더라도 할 말이 없을 터다.

우리에겐 이소크라테스나 데모스테네스 같은 정치가들이 더욱 절실하게 느껴진다. 그렇다고 외국의 정치가들을 수입할 수는 없는 노릇이다. 바로 그런 이유에서 유권자들이 두 눈을 부릅뜨고 진정 나라를 위해 모든 힘을 쏟을 일꾼을 뽑아야 한다.

애국자 벨라폰테

　　1959년 4월 19일, 명성 높은 카네기 홀에 신사숙녀가 운집했다. 흑인 가수 해리 벨라폰테의 공연을 보기 위해서였다. 3부로 나뉜 이 공연의 초반부에서는 미국 흑인들의 애환을 담은 노래가 펼쳐졌다. 목화밭 흑인 노동자들의 애환을 담은 〈코튼 필즈〉, 광산에서 죽은 흑인 광부를 추도하는 〈존 헨리〉, 잘 알려진 흑인 영가 〈성자들의 행진〉 같은 곡들이었다. 중반부에서는 서인도제도의 칼립소풍 노래가 청중을 매료시켰다. 바나나를 배에 선적하던 부두 노동자들의 노래 〈데이 오〉, 어린 시절의 회상을 담은 〈자메이카여 안녕〉 등의 노래였다. 후반부에서는 세계 곳곳의 민요가 울려 퍼졌다. 〈하바 나길라〉, 〈대니 보이〉 같은 명곡에 이어 청중과 함께 어우러져 즐거움을 배가시킨 〈마틸다〉가 대미를 장식했다. 이 공연은 벨라폰테의 생애를 반영하며 동시에 예고했던 것처럼 보인다.

　그는 뉴욕에서 자메이카 출신의 어머니와 마르티니크 출신의 아버지 사이에서 태어났다. 다섯 살 때부터 7년을 외할머니와 함께 자메이카에서 보낸 그는 뉴욕으로 돌아온 뒤 연기자의 길을 가려고 했다. 그 당시 독일 출신 영화감독 에르빈 피스카토르의 수업을 함께 들었던 학생에는 말론 브란도, 토니 커티스, 시드니 포이티어가 있었다. 그는 연기 수업료를 내기 위해 찰리 파커, 마일스 데이비스 같은 연주자들의 반주로 클럽에서 노래하기 시작했는데, 그것이 본업이 된 그의 음악 경력의 출발이었다.

그는 흑인의 고통을 노래했을 뿐 아니라 흑인 인권을 위해 적극적으로 활동했다. 그는 흑인 차별이 횡행하던 1961년까지 미국 남부에서 공연하기를 거부했다. 그는 1년에 단지 8,000달러를 받던 마틴 루서 킹 목사도 재정적으로 지원했고, 그가 버밍엄 감옥에 갇혔을 때는 보석금을 대신 지불했다. 투옥된 다른 인권운동가들의 석방을 요구하는 기금을 모으기도 했다. 매카시 회오리바람이 불 때 그가 블랙리스트에 오른 것은 당연한 일이었다. 미국 내부의 인종차별을 넘어 서구의 아프리카 식민지 경영에도 반대했다.

그는 카리브제도에 널리 퍼져 있던 가락인 칼립소를 대중화시켜 국제적으로 애호받는 음악의 영역으로 만들었다. 그 공로로 그에겐 '칼립소의 제왕'이란 별명이 따라다니기도 한다. 하지만 정작 그는 그 칭호를 받을 자격이 없다며 마다한다. 오늘날 미국의 프로야구장에서 응원을 독려할 때면 그의 노래 〈데이 오〉 가락이 울리고 사람들이 환호성을 지른다. 바로 〈바나나 보트 송〉이라고 알려져 있기도 한 벨라폰테의 히트곡이다. 부모의 출신지에 대한 애정과 향수가 음악으로 결실을 맺은 것이다. 서인도제도를 포함한 중남미에 대한 그의 사랑

  워싱턴 대행진의 해리 벨라폰테(1963년)
마틴 루서 킹 목사가 주도한 '워싱턴 대행진'에 참석한
해리 벨라폰테(중앙)의 모습이다. 왼쪽이 시드니 포이티
어, 오른쪽이 찰턴 헤스턴이다.

은 음악에 한정되지 않았다. 그는 라틴아메리카에 대한 미국의 외교
정책을 신랄하게 비판하면서 쿠바의 카스트로나 베네수엘라의 차베
스와 같은 지도자들을 만나기도 했다.

그는 세계 화합 차원의 선행도 많이 했다. 1960년대에는 남아프리
카 출신의 미리엄 마케바, 그리스 출신의 나나 무스쿠리 등의 가수들
을 미국의 청중에게 소개했다. 당시로선 젊은 하모니카 연주자였던
밥 딜런이 레코드에 최초로 자취를 남긴 것도 벨라폰테의 앨범이었
다. 그는 1985년에 전 세계의 유명 가수들을 모아 〈우리는 한 세계We
are the World〉라는 곡을 만들어 아프리카 난민을 돕기 위한 시도를 기획
한 사람 중 하나이기도 하다. 1987년에는 유니세프의 홍보 대사가 되
어 아프리카 어린이들을 돕기 위한 국제 심포지엄도 주재했고, 아프
리카 대륙의 사하라 남쪽에서 가장 큰 콘서트도 열었다.

정의로움으로 가득 찬 그의 활동이 미국 정부와 마찰을 빚은 것은
당연하다. 매카시 시대에 요주의 인물로 꼽혔으나 아랑곳하지 않았
다. "가수를 가둘 수는 있으나 노래는 가두지 못 한다"는 것이 그의 신
조였다. 특히 조지 부시 대통령과의 충돌은 잘 알려져 있는데, 이라크
전쟁을 벌인 부시를 서슴없이 "세계 최대의 폭군"이라고 불렀다. 흑인
으로 부시 대통령 밑에서 국무장관을 맡았던 콜린 파월과 콘돌리자
라이스를 노예제 시대에 백인 주인의 비위를 맞춰 농장에서 힘들게
일하지 않고 집안에서 편하게 일하는 노예에 빗대 조롱하기도 했다.
주인의 말을 그대로 따르지 않으면 다시 농장으로 쫓겨갈 사람들이
라는 것이었다. 이라크 전쟁을 9.11 테러와 비교하며 부시 역시 테러
리스트로 간주될 수 있다는 그의 언급에 비판을 예상하지 않느냐는

질문을 받자 "하라고 하시오. 이견이야말로 민주주의의 핵심"이라고 대답했다. 2006년 마틴 루서 킹 목사 추모일에 듀크 대학교에서 행한 연설에서 그는 자신의 꿈이 '해리 벨라폰테, 애국자'라고 새겨진 묘비를 세우는 것이라고 말했다.

소신을 굽히지 않고 자신의 생각을 말하고, 노래하고, 행동에 옮기면서 스스로를 애국자로 간주하는 해리 벨라폰테를 세계인은 사랑한다. 그에 비해 이 땅에서 정의롭게 행동하는 연예인들의 처지는 초라하기 짝이 없다. 전직 대통령을 애도하는 노래를 불렀다 하여 윤도현은 자신의 이름을 내걸고 진행하던 텔레비전과 라디오의 프로그램이 폐지되었다. 손석희와 정관용은 시사 프로그램의 사회를 엄정하게 보며 정부에 비판적인 관점을 보였다는 이유로 석연치 않게 사회자의 자리에서 물러나야 했다. 김제동은 전직 대통령의 장례식에서 주체하지 못할 감정을 솔직하게 토로했다는 이유로 출연하던 프로그램에서 하차했다. 김미화는 MBC 경영진의 끈질긴 압박을 견디지 못하고 결국 라디오 시사 프로그램에서 자진 사퇴했다. 이 모두가 올바른 비판을 정직하게 받아들이지 못하는 도덕적 나약함에서 비롯된 일이다.

미국이 패권주의 때문에 비난을 받는 일이 있어도 강국으로 군림할 수 있는 이유 가운데 하나는 다양한 비판의 목소리를 수용하고 결국 그것을 문화적 콘텐츠로 전환시킬 수 있는 능력이 있다는 사실이다. 저항의 목소리는 소수의 목소리이고, 그것이야말로 보호받아야 할 다양한 견해의 표출이다. 현 정부에 그것을 문화적 콘텐츠로 승화시킬 역량을 기대하지 않는다. 단지 탄압이나 하지 말았으면 하고 소박하게 바랄 뿐이다.

박찬호와 이명섭

　　　　　지금은 일본에서도 고전을 면치 못하고 있
지만 전성기의 박찬호는 대단했다. 다른 사람들과 마찬가지로 나도
박찬호를 무척 좋아했다. 근엄해야 한다는 교수의 신분도 잊은 채 학
생들과 함께 중계방송을 보면서 승패의 명암에 따라 환호나 탄식을
내뿜은 적이 한두 번이 아니었다. 동양의 한 청년이 야구의 본무대에
서 체격 좋은 서양의 선수들을 당당히 제압했다는 사실 외에도, 혹독
한 시련의 세월을 감내하며 영광을 이끌어낸 인간 승리의 면모를 보
여주었다든가, 정치나 경제가 모두에게 실망을 안겨줄 때 그만이 희
망의 빛을 던져주는 등 그는 사람들이 좋아할 수밖에 없는 요소들을
골고루 갖추고 있었다. 그래서 그는 슈퍼스타가 되었고, 그래서 사람
들은 그를 더욱 좋아했다.

　한편, 그의 승리에 환호작약하다가도, 그가 슈퍼스타가 되는 과정
을 지켜보면서, 우리들의 참모습을 반영하는, 반드시 즐겁지만은 않

은 상념의 조각들을 떠올렸었다. 왜 하필이면 미국의 스카우트 요원들이 박찬호의 진가를 알아보았을까? 우리에게는 박찬호라는 명마를 알아볼 백락伯樂이 없었나? 이런 상념은 갈지 않은 보물을 알아보지 못한 야구 지도자들에 대한 푸념을 넘어, 눈앞의 승리밖에 보지 못하며 재능 있는 선수들을 혹사시켜 수명을 단축시키는 행태에 대한 질책으로 이어졌다. 그리고 그런 상념의 결말은, 인재를 키우지 못할망정 훼절시키고 매몰시키는 서글픈 정치 현실에 대한 탄식일 수밖에 없었다.

어떻게 생각한다면 박찬호의 쾌투가 아무리 우리 국민의 자긍심을 올려놓았다 할지라도, 그 궁극적인 목표는 "700억 정도는 벌어야 한다"는 공언이 말하듯 개인적인 부와 명성의 축적에 불과했다. 그렇지만 우리의 매스컴은 '다저스'의 승리를 우리 국민의 승리와 동일한 것으로 만들었다. 그런 와중에 박찬호는 슈퍼스타가 되었는데, 이 대목에서도 '왜 성공을 거둔 후에야 온갖 찬사와 후원이 뒤따르는가?'라는 씁쓸한 상념이 뒤따를 수밖에 없었다. 어떻게 고투하며 성공을 거뒀는지는 중요하지 않고, 슈퍼스타가 되었다는 사실에 사람들은 더 열광하는 듯하다.

우리는 그런 선례를 많이 보아왔다. 프로 기사 조치훈이 일본에서 타이틀을 따낸 뒤에야 그의 후원회가 조직되었으며, 무하마드 알리가 한국을 방문했을 때, 권투 구경은 한 번도 해보지 않았을 것 같던 당대 인기 절정의 연예인들이 그의 앞에서 다투어 아양을 떨었던 일도 있었다. 이미 탄탄대로가 보장된 다음에 만들어진 후원회 같은 것이 무슨 소용이 있겠는가? 영광의 자리에 오르기 위해 불살랐던 온갖 정

～ 1990년 봉황대기 전국고교야구대회의 한 장면(사진 제공: 연합뉴스)

승자는 용감한 패자에게 경의를 보내고, 패자는 떳떳한 승자에게 마음으로
부터 축하할 수 있는 정신이 스포츠에서 배워야 할 미학이다. 스포츠로부
터 배워야 할 것은 비겁하게 이기는 방법이 아니라 당당하게 지는 태도다.

신적, 육체적 고뇌는 도외시되고 그 자리에 올랐다는 사실에만 흥분하는 세태를 바라보며, 몇 번의 실패가 거듭될 경우 그런 열광은 쉽사리 냉담으로 바뀔 수 있다는 단순한 진리를 확인한다는 것 역시 유쾌하지는 않다.

그렇지만 나는 여전히 박찬호를 좋아한다. 이면에서 어떤 사람들이 그의 부가가치를 극대화시키려 하는지 모르겠으나, 그는 정직한 승부의 세계에서 정직하게 겨루며, 패배의 고통을 겸허하게 받아들인다. 하지만 누가 내게 가장 좋아하는 야구인을 물어본다면 나는 이명섭을 꼽는다. 나는 야구인 이명섭이 선수로서 어디에서 어떻게 활약했는지 알지 못한다. 내가 그에게 대해 알던 정보라고는 당시 어느 신문에선가 읽은 박스 기사 하나가 고작이었다. 그럼에도 그 짧은 기사를 통해 나는 야구 지도자로서 이명섭이라는 사람의 됨됨이에 감동을 받았다.

그는 휘문고등학교 야구부의 감독을 맡으며 몇 차례 전국대회의 정상에 올려놓았던 전도유망한 야구인이었다. 몇 번에 걸친 전국 우승의 경력으로 보아 청소년대표팀과 국가대표팀을 거쳐 프로팀의 감독을 맡게 되는 것이 그에게 열린 탄탄대로였을 것이다. 그러나 그는 그 학교의 감독직을 버렸다. 그 이유는 자신이 가르친 선수가 졸업하면서 대학교와 프로팀 사이의 깨끗하지 못한 스카우트 파동에 휘말렸기 때문이었다.

그는 야구 감독이기에 앞서 스승으로서 제자를 잘못 가르쳤다는 자책감에 자신에게 보장된 안정된 미래를 버렸던 것이다. 야구계든 정치판이든 누구 하나 "내 탓이오"를 말하지 않는 풍토에서 그의 행동은 단연 돋보인다. 우리의 야구계(정치계라고 바꿔 읽어도 무방하다)가 발전하기 위해서 필요한 것은 더 많은 박찬호보다는 더 많은 이명섭이다. 얼마 전 이명섭은 다시 휘문고등학교의 감독을 맡았다고 알고 있다. 그의 팀의 무운을 빌고, 그의 가르침을 받아 실력과 인성을 고루 갖춘 선수들이 많이 배출되기 바란다.

스포츠의 지도자들이 선수들에게 폭력을 행사하는 일들을 우리는 얼마나 많이 봐왔는가? 그것은 단기적인 승리를 위해 구타에 의존한 것이다. 그것을 당하는 선수들이 어떤 심리적 충격을 겪을지, 그 아이들이 자라나서 지도자가 된다면 어떻게 가르칠지 깊이 생각해야 한다. 전국대회에 입상해야 대학교 진학의 특혜를 준다는 제도 자체도 문제다. 그러니 눈앞의 승리를 위해 승부 담합이 벌어지고, 심판 매수가 일어난다. 운동부에 속한 학생들은 교실에 들어가지도 않는다. 그리하여 스포츠의 본질적인 정신은 외면하고 '이기기 위한 기술'이라는 한쪽 능력만 기형적으로 발달한 선수들이 양산된다. 이런 맥락에서 승부 조작이라는 사건이 일어났으니 사실 그것은 별로 놀랄 일도 아니다.

나는 스포츠의 미학이 승리의 추구에 있다고 보지 않는다. 그것은 최선을 다해 정정당당하게 겨루고, 이기든 지든 그 결과를 겸허하게 받아들인다는 데 있다. 승자는 용감한 패자에게 경의를 보내고, 패자는 떳떳한 승자에게 마음으로부터 축하할 수 있는 정신이 바로 스포츠에서 배워야 할 미학이다. 스포츠로부터 배워야 할 것은 비겁하게 이기는 방법이 아니라 당당하게 지는 태도다. 이명섭 감독, 초심을 잃지 않기를.

관타나메라

　　　　　"나는 야자나무가 자라는 곳에서 온 정직한 사람 /
죽기 전에 내 영혼의 시를 나누고 싶소 / 관타나모의 여인이여." 이렇
게 시작하는 〈관타나메라〉는 쿠바에서 가장 사랑받는 노래이자, 가
장 애국적인 노래로 간주된다. 제목은 '관타나모에서 온 소녀'를 뜻한
다. 피트 시거, 조앤 바에즈, 트리니 로페스, 호세 펠리치아노, 훌리오
이글레시아스 등 수많은 가수들이 불러 전 세계적으로도 유명해진
이 노래는 쿠바의 시인이자 언론인, 혁명이론가, 교수, 정치 철학자였
던 호세 마르티의 시집 『단순한 시』에 수록된 시에 곡을 붙인 것이다.
무엇보다도 마르티는 쿠바를 대표하는 애국자로 알려져 있기에, 이
노래는 비공식적인 쿠바의 국가라고 말하기도 한다.

　1853년 아바나에서 태어난 마르티는 어렸을 때부터 적극적인 정
치적 활동에 나섰다. 이미 열여섯의 나이에 에스파냐 정부에 의해 반
역 혐의로, 바꾸어 말하면 독립운동을 했다는 이유로 투옥된 적이 있

∿ 호세 마르티
쿠바는 물론, 라틴아메리카에서
가장 널리 불리는 노래 중 하나인
〈관타나메라〉는 평생을 쿠바 독립
에 헌신한 호세 마르티의 시에 곡
을 붙인 노래다.

었던 그는 에스파냐, 멕시코, 과테말라, 베네수엘라, 미국 등지를 돌아
다니며 쿠바 독립의 명분을 지지해줄 것을 호소했다. 그는 플로리다
에서 쿠바 망명객들의 단체를 통일시켰는데, 그 단체가 에스파냐에
대한 쿠바 독립전쟁의 성공에 핵심적 역할을 했다. 그는 실제로 독립
전쟁에 참여하기도 했고, 쿠바 독립당의 기초를 세우고 그 정치적 이
념을 제공하기도 했다.

그는 19세기말 라틴아메리카를 대표하는 지식인이기도 했다. 그
는 시, 소설, 수필을 썼으며 강연을 통해 자신의 뜻을 전파하기도 했

고, 아동 잡지도 만들었다. 그는 라틴아메리카와 미국의 신문에 투고하기도 했고, 스스로 여러 신문을 창간하기도 했다. 그중 하나인 『조국』이라는 신문은 쿠바 독립을 이끄는 도구가 되었다. 쿠바는 에스파냐와 다른 정체성과 문화를 갖고 있는데, 그런 쿠바가 에스파냐 정부의 통치를 받는 것은 자연스럽지 못하다는 것이 그의 일관된 주장이었다. "쿠바 사람들은 에스파냐 사람들과 다르게 산다." 그의 모든 행동의 밑바닥에는 가난한 사람들에 대한 애정이 깔려 있다. "내 운명을 이 땅의 가난한 사람들에 던져 함께하고 싶소 / 바다보다는 산 속의 개울이 나는 좋다오." 이것이 〈관타나메라〉의 마지막 가사다.

마르티는 처음에 미국에 대해 우호적이었다. 그러나 쿠바를 비롯한 라틴아메리카에 미국이 지배권을 확장하려는 것을 알게 되면서 태도를 바꿨다. 그는 미국이 "남쪽 이웃들의 역사와 문화에 완전히 무지"하며, '개척 정신'이란 미명으로 라틴아메리카를 통제하려 한다고 경고했다. 게다가 미국이 에스파냐 정부로부터 쿠바를 매입해 미국의 보호령으로 만들려는 시도가 수면으로 떠올랐다. 마르티는 자신의 조국을 마치 상품처럼 사고팔려는 시도에 경악하면서 국민들의 의사를 고려하지 않는 그런 행위는 결코 받아들일 수 없고, 그 대상이 미국일 경우에는 더욱 그러하다고 선언했다.

극적인 그의 삶보다 더 극적인 것이 그의 죽음이었다. 그는 1895년 5월 도스 리오스 전투에서 사망했다. '도스 리오스Dos Ríos'는 '두 개의 강'이라는 뜻으로 콘트라마에스트레 강과 카우토 강이 합쳐지는 곳이다. 우리말로는 '두물머리'쯤 되겠다. 이곳에 에스파냐 군대가 야자나무 아래 빈틈없이 진을 치고 있었다. 적진이 너무 견고해 무장독

립군을 이끌던 고메스 장군이 철수 명령을 내렸다. 그때 홀로 있던 마르티 옆에 젊은 전사 하나가 지나갔다. 마르티와 젊은이는 적진을 향해 말을 몰았다. 적은 풍차가 아니었다. 한낮에 검은 옷을 입고 백마를 탄 마르티는 쉽게 표적이 되어 곧 살해됐다. 젊은 병사가 도주해 이 사실을 보고했다. 에스파냐 군은 그의 신원을 확인한 뒤 부근에 매장했다. 많은 사람들은 마르티가 말만 하고 실전에 참가하지 않는다는 비판을 받고 이런 행동을 했다고 믿는다. 『단순한 시』에 자신의 죽음을 예견하듯 이런 구절이 있기 때문이다. "반역자의 주검처럼 나를 어둠에 묻지 말라 / 나는 선한 사람으로 태양을 보며 죽겠노라."

그의 죽음은 '전사'로 규정할 수도 있겠지만, 내게는 자신의 명예를 지키기 위한 '자살'로 보인다. 그런 그를 기려 조국 쿠바는 물론, 세계 도처에 그의 동상이 서 있다. 그가 경계했던 미국 뉴욕의 센트럴파크에도, 독립전쟁을 벌인 상대국인 에스파냐의 카디스에도.

2010년 5월 31일, 경북 군위에 있는 지보사의 문수 스님은 "이명박 정권은 4대강 사업을 즉각 중지 폐기하라. 이명박 정권은 부정부패를 척결하라. 이명박 정권은 재벌과 부자가 아닌 서민과 가난하고 소외된 사람을 위해 최선을 다하라"는 유서를 남기고 소신공양했다. 자신의 몸을 불사르는 극단적인 고통을 통해서 성불을 이루거나 중생을 구제하려는 소신공양은 거룩한 행위임에 틀림이 없다. 자연에 대한 그 지극한 사랑과 핍박받는 인간에 대한 그 가없는 자애심에 절로 고개가 숙여진다. 그런데도 보수의 매체에서는 이 사건을 보도조차 하지 않았다. 거룩한 애국애족에는 호세 마르티에 버금가지만, 적들마저 존경을 보낸 그에 비해 너무도 홀대받는 것 같아 더욱 마음이 아프다. 기삿거리도 되지 못한다고 생각해서 그랬을까? 아니, 그 반대로 이 고귀한 살신성인의 이야기가 널리 알려질 경우 생길 파장이 두려웠을 것이다. 그리고 그 침묵이야말로 그 매체들의 성격과 존재이유를 웅변하는 것이다.

1963년 6월 베트남 고딘디엠 독재 정권의 불교 탄압에 항거해 틱광득이라는 스님이 사이공에서 의연한 자세로 소신공양을 단행했다. 그 사진을 찍은 린지 브라이스는 퓰리처상을 받았는데, 그 사진을 본 전 세계 사람들은 충격과 감동을 받았다. 고딘디엠 독재 정권은 냉소를 보냈지만 곧 붕괴되었다. 보수의 매체에서 이러한 전말을 모를 리 없고, 그렇기 때문에 두려웠을 것이다. 언론의 자유까지도 새삼 그리워진다.

금지된 지식

제2차 세계대전이 끝나갈 무렵인 1945년 8월 전투 조종사로 파견된 한 미군 병사가 일본 본토에 최초로 침투할 상륙 부대에 배속되어 오키나와에 머무르고 있었다. 해안 상륙 거점에 활주로를 건설하는 임무를 지시받은 그에게 확성기를 통해 히로시마에 원자폭탄이 떨어졌다는 소식이 들렸다. 그와 동료들은 환성을 지르며 전쟁이 끝났고 이제는 살았다고 확신했다. 왜냐하면 그때 격전지에서는 전투 병력 절반 이상이 사망했기 때문이다.

몇 주 뒤 그는 전투기를 타고 히로시마 상공을 비행할 기회를 얻었다. 납작 엎어져 연기를 날리는 도시를 보며 그는 침묵에 잠겼다. 당시까지도 사상자가 어느 규모인지, 그가 통과한 지역의 방사능 강도가 어떤지 알지 못했다. 1년 뒤에야 그 모든 것을 알게 된 그는 일찍이 1960년대 초부터 핵무기의 생산과 배치에 반대하는 행동에 나섰다. 시위행진에 사람들이 침을 뱉고 맥주 깡통을 던졌어도, 그의 확신

에는 변함이 없었다.

　그의 행동은 시위행진에 그치지 않았다. 당시 경험을 바탕으로 『금지된 지식』이라는 책을 썼다. 인간에게는 넘보지 말아야 할 신성한 지식이 있고, 바로 그러한 영역이 '금기'라는 이름으로 인류에게 보편적으로 적용된다며 문학과 철학과 역사와 과학의 자료를 총망라하여 쓴 책이다. '인간 복제'의 가능성이 열리던 1996년 무렵 생명공학의 시도에는 도덕적 책임감이 따라야 한다는 의도를 전달하기 위해 그 책을 썼던 것이 확실하다. 그렇지만 이제는 그 책의 집필 동기로 언급하며 한 장절을 할애했던 원자핵의 위험성이 새삼 부각되며 자유로운 발상과 무한 성장의 분위기에 제동이 걸려야 한다는 그의 논지가 다시금 힘을 얻는다. 그 책의 저자인 저명한 문학비평가 로저 샤툭은 2005년 전립샘암으로 사망했다.

물론 금기의 역사는 샤툭보다 오래되었다. 1913년에 출판된 『토템과 터부』의 제2장에서 프로이트는 '터부'라는 단어의 의미를 약술한다. 원래 폴리네시아 말인 그 단어는 두 개의 상반되는 의미로 가지를 친다. 한 측의 의미군은 '신성한', '성역의'와 같은 뜻을 지니며 다른 측은 '기괴한', '위험한', '금지된', '불결한'과 같은 형용사들로 이루어진다. 따라서 '금기'라는 단어에는, 접근할 수 없는 신성불가침의 영역이 있으며 그 한계를 넘어 알려는 것은 위험하다는 의미가 함축되어 있다. 프로이트에 따르면 고대의 그리스, 라틴, 히브리 언어에는 '터부'와 유사한 말이 있지만, 현대인은 더는 그 개념을 소유하고 있지 않기 때문에 번역이 쉽지 않다고 한다.

그렇다면 고대 이래로 사람들은 '금기'나 '금지된 지식'이라는 관념을 잊었는가? 그렇지 않다. '터부'에 해당하는 단어가 유럽권의 현대 언어에 없어도, 그 관념은 언제나 존재해왔다. 수많은 서양 문학의 걸작이 금지된 영역을 넘보지 않으려는 절제와 엿보려는 욕망 사이의 갈등을 주제로 한다. 인간에게 불을 전해준 프로메테우스와 열지 말라는 상자를 열어 인간 세계에 악을 퍼뜨린 판도라에 얽힌 그리스 신화, 스핑크스의 수수께끼 해결과 관련된 소포클레스의 비극 『오이디푸스 왕』, 금단의 열매를 따먹은 아담과 이브의 낙원 추방을 다룬 밀턴의 서사시 『실락원』, 열지 말라는 방을 열어본 여자에 관련된 민담 「미녀와 야수」, 지식을 위해 영혼을 판 인물에 관한 괴테의 희곡

『파우스트』, 근친상간이라는 금기를 범했으나 극기와 보속으로 구원받아 교황까지 된 인물을 다룬 토마스 만의 소설『선택된 인간』, 지식에 대한 탐욕 속에 죽어간 신학자들을 다룬 움베르토 에코의 미스터리 소설『장미의 이름』등 시대와 국가와 장르를 초월한다. 넘보지 않을 곳을 넘본 사람들에게 주어진 운명도 자신의 눈을 찌르고 방랑의 길을 떠나는 오이디푸스의 처참에서, 단지 추구했다는 이유로 구원을 받는 파우스트의 행복에 이르기까지 극에서 극을 달린다. 그것은 '금기'라는 관념 못지않게 그것을 위반하려는 관념 또한 지속력을 지니며 다양하게 존재해왔다는 것을 뜻한다.

그런데 정보 사회를 지향하는 현대의 사회는 적극적인 지식의 추구를 미덕으로 삼으며 그것은 '학문의 자유' 또는 '표현의 자유'라는 이름으로 실행된다. 그런 추구 속에서 넘볼 수 없었던 성역은 여지없이 깨지고 있으며, 성역을 파괴하는 행위는 곧바로 '학문의 발전'과 동일하게 여긴다. 그렇다면 금기라는 말은 이제 관념조차 사라져, 작가들의 문학적 상상력 속에서만 간간히 고루한 모습을 드러내는가? 오늘날의 문명화된 사회에서는 금기라는 말을 금기로 여기고 있는 것인가?

그렇지 않다. 앞만 보고 달리는 현대의 사회는 오히려 '금기'라는 존경할 만한 개념 속에서 자신을 되돌아봐야 한다. 그것은 대단히 실제적인 중요성을 지니는 문제점을 현대인에게 제시한다. 지식의 무한한 추구로 말미암아 봉착할 수 있는 극단적인 문제점을 몇 가지 들어보자. 입자 물리학의 발달로 인한 대량 살상 무기의 개발은 도덕적으로 정당화될 수 있는가? 첨단 유전공학의 연구에 의거한 생명체 복제는 인간 존재의 본질을 다루는 철학적 물음에 해답을 제시할 수 있을까? 우량한 유전자를 소유한 개인들로 구성된 집단이 우량한 사회로 귀결될 수 있을까? 심리학의 발달로 상대방의 심리를 모두 알 수 있다면 정상적인 사회 활동이 우리에게 가능할까? 지식의 무한한 추구는 규모와 강도의 면에서 경험하지 못했던 종류의 새로운 비극을 우리에게 초래할 수 있다.

'금기'와 '지식의 추구'의 갈등은 더는 동등한 싸움이 아니다. 지식의 추구가 막대한 경제적 보상을 보장하는 자본의 장에서 금기를 생각하라는 논지가 설 땅은 좁을 수밖에 없다. 자유로운 학문의 추구를 경계하라는 말은 보수의 목소리로 들린다. 그러나 그렇지 않다. 그것은 지식에 따르는 책임감과 윤리의 문제를 신중하게 고려하라는 충언이다. 지식을 추구하는 사람은 그것에 따르는 사회적 문제들에 대해 진지하게 자성할 시간을 가져야 한다는 고언이다. 왜냐하면 무한한 지식 추구에 따를 참상을 시행착오로 받아들이기에 인간의 삶은 너무도 고귀하기 때문이다.

위대한(?) 닉슨

캘리포니아 출신의 한 젊은이가 로스쿨을 나와 변호사로 개업을 했다가 진주만 공습 소식을 듣고 해군에 자원입대하여 태평양 전선에서 장교로 봉직했다. 하원의원과 상원의원을 거쳐 아이젠하워 대통령의 러닝메이트가 되어 최연소 부통령이 되었다. 미국에서 대통령과 부통령에 재선된 유일한 인물이다. 베트남 전쟁에 개입했지만, 인접 국가로 전쟁이 확산되는 것을 보고 종전을 이끌었다. 중화인민공화국을 방문하여 미 · 중 외교 시대를 열었다. 소련과 탄도미사일 규제 조약을 맺어 데탕트를 주도했다. 전면적으로 환경을 개선하려는 개혁을 펼쳤다. 여성에게 권력을 부여하는 개혁을 실시했다. 암과 마약 퇴치를 위한 전쟁을 벌였다. 미국 남부에서 흑백 통합교육을 실시했다.

이 정도면 미국의 애국자를 넘어 인류공영에 이바지한 인물이라 칭해 마땅하지 않을까? 그런 그가 사임했다, 대통령직에서. 공화당 출신의 미국 37대 대통령 리처드 닉슨이 이른바 '워터게이트 사건'의 여파로 탄핵의 위기에 몰린 뒤 1974년 8월 9일 사임했고 후임 제럴드 포드 대통령이 그를 사면했다. 부정과 음모가 개입된 사건이 생기면 '○○ 게이트'라는 말이 생겨날 정도로 전 세계에 큰 충격을 가한 이 사건의 전말은 책이나 영화를 통해 잘 알려져 있다. 그런데도 그 이야기를 다시 환기시키는 것은, 이곳에선 거의 실종된 삼권분립의 원리나, 거의 말살된 언론의 기능을 재확인하고 싶기 때문이다.

1972년 6월 17일 워싱턴에 소재한 워터게이트 호텔의 민주당 선거본부에 잠입해 도청 장치를 설치하던 5인조가 체포되었다. 이들은 닉슨을 대통령에 재선시키기 위한 위원회에 속해 있었고, 연방수사국에서는 이들에게 지불된 부정 자금의 출처를 닉슨 재선위원회와 연관시켰다. 의혹을 해소하기 위해 백악관에서는 이 사건이 닉슨과 무관하다는 성명을 발표했다. 어쨌든 닉슨은 대통령에 재선되었다. 그러나 『워싱턴 포스트』, 『뉴욕 타임스』와 같은 유력한 언론이 이 사건을 집요하게 취재했다. 특히 『워싱턴 포스트』의 기자 밥 우드워드와 칼 번스타인은 독자적인 조사를 통해 알게 된 사실을 보도함으로써 사람들의 관심을 촉구했다.

그 뒤 침입자들과 닉슨 재선위원회의 관계가 밝혀졌다. 언론에 이어 입법부가 나섰다. 워터게이트 사건 조사를 위한 상원의 위원회에서는 닉슨 대통령의 집무실에서 일어난 모든 대화를 자동으로 녹음하는 장치가 있음이 밝혀졌고, 닉슨 대통령이 침입 사건을 은폐하려 기도했던 것을 드러내는 테이프가 있었다. 상원에서는 대통령을 탄핵할 권한이 있는 하원의 사법위원회에 이 사건의 조사를 의뢰했다. 사

THE WHITE HOUSE

WASHINGTON

August 9, 1974

Dear Mr. Secretary:

I hereby resign the Office of President of the
United States.

Sincerely,

Richard Nixon

11.35 AM

HK

The Honorable Henry A. Kissinger
The Secretary of State
Washington, D.C. 20520

☙ **닉슨의 사임장**

'워터게이트 사건'은 당시 대통령이던 리처드 닉슨을 사임하게 만들었지만,
역설적으로 미국 사회가 여전히 건전했음을 보여주는 예이기도 하다. 미국의
신문과 방송은 사건의 전모를 파헤쳤고, 입법부와 사법부는 헌법이 부여한
권리와 의무를 행사하며 정치적 모략과 술수를 심판했다.

법위원회에서는 1974년 7월 탄핵 결의안을 만들어 하원 본회의에 송부했다.

사건의 범인들을 재판했던 사법부에서도 나섰다. 대법원에서는 닉슨이 이 사건과 관련되었는지 밝힐 결정적 자료인 녹음테이프를 특검에게 넘겨주라고 만장일치로 판결했다. 닉슨은 그 판결에 굴복할 수밖에 없었다. 언론과 입법부와 사법부의 공격을 받은 닉슨은 1974년 8월 8일 밤에 전국에 방송되는 텔레비전 네트워크를 통해 다음 날정오를 기해 대통령직에서 사임한다고 밝혔다. 그는 워터게이트 사건에 대해서는 한 마디도 말하지 않고 국가의 이익을 위해 물러난다고만 말했다. 닉슨은 사퇴 이후 후임 제럴드 포드 대통령으로부터 사면을 받았다. 그러나 사면은 유죄의 인정을 뜻하기도 했다. 9일 정오 대통령직을 이어받은 포드 대통령은 취임 연설에서 "우리의 기나긴 국가적 악몽은 사라졌다. 우리의 위대한 국가는 사람이 아니라 법이 지배하는 정부로 움직이고 있다"는 사실을 강조했다.

사실 닉슨은 유능한 대통령이었고 그의 치적이 그러한 평가를 뒷받침한다. 하지만 닉슨 대통령은 대통령직을 임기 중에 사임한 유일한 미국 대통령이라는 오명으로 기억된다. 워터게이트 사건은 미국의 치부를 드러냈을지 모르지만, 미국 사회가 여전히 건전했음을 보여주기도 한다. 신문은 물론 방송에서도 월터 크롱카이트가 그 사건을 심도 있게 다뤄 사람들이 사건의 전모를 알 수 있게 만들어줬다. 입법부와 사법부는 각기 주어진 몫을 다하면서 행정부의 시녀가 아님을 증명했다. 그들은 미국 헌법이 부여한 권리와 의무를 행사하며 정의를 밝히려 했던 것이다. 그러니 그 사건은 오히려 삼권분립에 바탕을 둔 미국의 민주주의가 정치적 모략과 술수에 승리를 거둔 사건으로 기억되어야 할 것이다.

이곳의 풍토로 보면 닉슨 대통령은 국가의 이익을 위해 사퇴했다는 이유만으로도 위대해 보인다. 대한민국에서는 개인적 이익을 지켜주기 위해 권력을 사용하는 행정부의 수장과 관련된 훨씬 더 큰 추문이 있고, 그것을 입증할 증거가 있다 할지라도 주류의(?) 언론에서는 그것을 언급조차 하지 않는다. 입법부에서는 물리력까지 동원해서라도 행정부의 정책 실패를 두둔하려는 일을 그치지 않는다. 사법부에서는 문제를 제기하는 사람들을 오히려 문제 삼는 만행을 저지른다. 지배층을 자처하는 그들의 머릿속에 민주주의의 기본적인 상식인 삼권분립에 대한 개념이나 언론의 원초적인 비판 기능에 대한 초보적인 인식이라도 존재하는지 의심스럽다.

우리가 말뿐인 민주주의가 아니라 실제로 민주주의의 체제 속에서 살려는 것을 꿈꾼다면, 우리의 세계가 그렇게 되도록 만들어야 한다. 그리고 우리에겐 그렇게 만들 능력이 있다. 바로 그 민주주의의 기본적인 상식을 갖춘 사람들에게 우리의 세계를 위탁할 표를 우리가 갖고 있기 때문이다. 투표소로 나가야 하고, 엄정하게 참정권을 행사해야 할 가장 큰 이유다.

놀로 에피스코파리

　　　　　　　먼 옛날 가톨릭교회에서 주교의 자리에
명을 받은 사람은 '놀로 에피스코파리'라는 말을 두 번해야 했다는 이
야기가 있었다. "나는 주교직을 원하지 않습니다"라는 의미의 라틴어
다. 세 번째로 그 말을 하면 그 거절은 참으로 받아들여졌다고 한다.
그러니 속으로 그 자리를 원해도 겉으로는 겸손하게 사양하는 체 말
을 해야 한다는 것으로서, 어떤 사람은 누가 그 말을 하면 "나는 거짓
말을 하고 있습니다"라는 의미로 받아들여야 한다고까지 말한다. 실
제로 오늘날 주교직에 오르는 사람이 그 말을 하지도 않고 옛날에도
그런 적이 없었다는 것이 밝혀지면서 이 표현은 허위와 위선의 함의
를 품는 말로 내려앉았다.

　　그러나 나는 이 말을 다르게 해석하고 싶다. 주교에 오를 사람이
그 말을 두 번하고 주교직을 수락해야 했다면, 그것은 주교라는 높은
자리가 가져다줄 명예와 권력을 원하지 않는다는 것을 선언하고 멸

사봉공의 자세로 공직에 임해야 한다는 이율배반적인 원리로 받아들여야 한다는 것이다. 초기 교회의 교부 철학자들도 권력을 탐하는 사람은 그것을 행사하는 자리에 적합하지 않다고 가르쳤다.

조금 더 거슬러 올라가면 그 언명은 교부 철학자들에게 큰 영향을 미쳤던 플라톤의 주장과도 비슷하다. 플라톤의 이데아 개념에 따르면 우리가 현실 세계에서 보는 모든 것은 영원불멸의 이데아를 불완전하게 투영한 그림자일 뿐이다. 예를 들어, 우리가 슈퍼컴퓨터로 원을 그린다 할지라도 그것은 더 정밀한 기준으로 보면 완벽한 원일 수 없다. 그러면 완벽한 원은 존재하는가? 존재한다. 바로 "한 점으로부터 같은 거리에 있는 점들의 집합"이라는 정의가 완벽한 원이다. 바로 그것이 원의 이데아와 다를 바 없다. 그러니 모든 것은 우리의 생각 속에 있는 것이기에, 그의 철학을 관념론이라고 말한다. 그 완벽한 이데아의 개념을 신으로 바꾼다면? 실제로 교부 철학자들이 했던 일이 바로 그것이었다. 그들은 플라톤의 철학을 이용하여 크리스트교의 교리를 정비했고, 따라서 그들에 미친 플라톤의 영향은 절대적이었다.

그런데 그 플라톤도 한 사람을 판단하는 기준은 그가 권력을 쥐었을 때 그것으로 무슨 일을 하는가에 달려 있다면서, 권력을 원하는 사람이 권력을 휘둘러서는 안 된다고 설파했다. 따라서 절대적 권력은 그것을 원하지 않는 사람에게 부여되어야 한다는 것이다. 이런 계보 속에서 나는 널리 알려진 것과는 다른 해석을 내세우고 싶다는 것이다. 이 해석에 타당성이 있다면, '놀로 에피스코파리'로 대변되는 주교들의 엄정한 자세는 고대 그리스 귀족주의의 덕목이 교회로 스며들어간 것이라고 말할 수도 있다.

⤳ 핀다로스
기원전 5세기 고대 그리스에서 민주주의의
물결이 넘칠 때 핀다로스는 쇠락하던 귀족주
의의 이상을 노래했다. 그가 노래한 귀족은
약속을 지키는 사람이며, 속이기보다는 속는
사람이며, 적에게까지 용기와 예의를 동시에
지키는 사람이며, 지도자라는 의무감에서 약
자를 안내하고 보호해주는 사람이다.

　　그리스 귀족주의의 본령을 가장 충실하게 표현했던 사람은 핀다로
스라는 시인이었다. 그는 귀족주의가 전성을 누리던 때의 인물이 아
니었다. 그는 옳다고 믿지만 스러져가는 명분을 위해 끝까지 헌신한
사람이었다. 그러한 헌신은 얼마나 아름다운가! 기원전 5세기 고대
그리스에서 민주주의의 물결이 넘칠 때 핀다로스는 쇠락하던 귀족주
의의 이상을 노래했다. 그는 자신을 후원해주던 왕족과 귀족이 몰락
한 것을 안타까워하며 옛 시절에 대한 그리움을 읊조렸던 시인 따위
가 아니었다.

　　그는 우리로 하여금 민주주의와 귀족주의의 본질에 대해 다시 한

번 생각해보게 만든다. 민주주의는 언제나 옳은가? 사람들의 정신이 선동에 현혹되고 욕심에 마비되어 도출된 다수결의 결과는 민주주의이기 때문에 언제나 옳은가? 귀족주의는 절대적으로 그른가? 천성적으로 고귀한 품격과 능력을 타고 난 소수가 다수의 행복을 위해 몸을 바치는 노블레스 오블리주는 귀족주의라는 이유 때문에 언제나 그른가?

핀다로스에게 귀족은 약속을 지키는 사람이며, 속이기보다는 속는 사람이며, 적에게 대해서까지 용기와 예의를 동시에 지키는 사람이며, 지도자라는 의무감에서 약자를 안내하고 보호해주는 사람이다. 그는 결코 거짓말을 하지 않는 사람이다. "당신의 혀를 진실의 모루에 놓고 단련시키라 / 불똥 한 점이 튀어 올라도 무게가 있으리라." 핀다로스는 말한다. "유한한 인간의 기쁨의 시간도 / 어두운 운명에 흔들려 땅에 떨어지는 꽃이 피어 있는 시간도 신속히 지나갈 뿐 / 한 나절의 일일 뿐/ 인간은 무엇이고, 인간은 무엇이 아닌가? / 인간은 그림자의 꿈." 그래서 허망하다는 것이 아니다. 오히려 핀다로스는 인간이 넘어서지 말아야 할 한계를 알고 분수에 맞게 행동해야 한다는 삶의 지혜를 전하는 것이다.

그렇지만 이곳에서 우리의 공직자나 예비 공직자는 가식으로조차 '놀로 에피스코파리'를 말하는 법이 없다. 마음으로부터 우러나온 겸손을 보이는 것이 아니라, 자신이 자질이 부족해 자격이 없다고 입에 발린 소리라도 하는 사람이 없다. 수없이 많은 청문회에서 수없이 많은 후보자들이 수없이 많은 농담으로 사람들을 웃기며 동시에 허탈하게 만드는 능력을 보였다. 암 검사 결과 이상이 없다고 하여 오피스

텔을 선물로 받았다는 사람, 자신이 소유한 골프장 회원권은 싸구려
일 뿐이라고 말한 사람, 자연을 사랑하여 부동산을 많이 소유하고 있
다는 사람 등. 코미디언들이 일자리를 잃게 되었다는 말이 떠다녀도
수긍이 간다. 그런 사람들을 공직자 후보로 추천한 사람들이나, 청문
회에 나와 그렇게 헛소리를 하는 사람들이나 거기에서 거기일 텐데,
그들에겐 '놀로 에피스코파리'라는 말이 헛소리일 게다.

역사에 비친 우리의 **초상**

초판 1쇄 인쇄 2011년 9월 28일 초판 1쇄 발행 2011년 10월 4일

지은이 조한욱 펴낸이 연준혁

기획 설완식

출판4분사 편집장 이효선
편집 김남철 디자인 조은덕
제작 이재승

펴낸곳 (주)위즈덤하우스 | 출판등록 2000년 5월 23일 제313-1071호
주소 경기도 고양시 일산동구 장항동 846번지 센트럴프라자 6층
전화 031-936-4000 | 팩스 031-903-3891
전자우편 yedam1@wisdomhouse.co.kr 홈페이지 www.wisdomhouse.co.kr
출력 엔터 | 종이 월드페이퍼 | 인쇄·제본 (주)현문

값 12,000원 ⓒ조한욱, 2011   ISBN 978-89-6086-482-5 03900

국립중앙도서관 출판시도서목록(CIP)

역사에 비친 우리의 초상 / 조한욱 지음. ─ 고양 : 위즈덤하우스,
2011
   p.;   cm

ISBN 978-89-6086-482-5 03900 : ₩12000

세계사[世界史]
역사[歷史]

909-KDC5
909-DDC21   CIP2011004102